DE LA

FORCE DU DROIT

ET DU

DROIT DE LA FORCE.

PARIS. — TYPOGRAPHIE DE FIRMIN DIDOT FRÈRES,
Rue Jacob, 56.

DE LA

FORCE DU DROIT

ET DU

DROIT DE LA FORCE,

OU

DE LA RESTAURATION DU DROIT DIVIN DANS L'ORDRE SOCIAL

ET DU DROIT NATIONAL DANS L'ORDRE POLITIQUE.

PAR E. DE VALMY,

ANCIEN DÉPUTÉ

———

PARIS,

JACQUES LECOFFRE ET Cie, LIBRAIRES.

RUE DU VIEUX-COLOMBIER, 29,

Ci-devant rue du Pot de Fer Saint-Sulpice, 8.

———

1850.

TABLE DES MATIÈRES.

SECONDE PARTIE.

QUESTIONS INTERNATIONALES.

FIN DE LA TABLE.

AVANT-PROPOS.

—

On a publié, depuis quelque temps, de
très-beaux écrits sur l'organisation des so-
ciétés, des écrits qui semblaient appelés à
réussir par leurs imperfections elles-mêmes ;
c'est ainsi qu'en parlant de la propriété, et
en passant sous silence le droit divin qui la
constitue, on a flatté par cette prétérition

volontaire ou involontaire l'esprit rationa-
liste de notre époque.

Cependant, depuis que ces écrits ont paru,
le droit de la propriété et de la famille n'a
pas gagné du terrain; au contraire, le pré-
tendu droit d'abolition de la famille et de
la propriété a fait des progrès; à tel point
qu'on peut nous demander : A quoi bon un
livre de plus? A quoi bon? Nous allons le
dire. La plupart des écrivains qui ont dé-
fendu l'ordre social se sont appuyés sur des
considérations d'utilité au lieu de s'appuyer
sur des principes; ils ont voulu démontrer,
à ceux qui ne possèdent rien, que leur bien-
être était dépendant et solidaire du bien-
être de ceux qui possèdent beaucoup.
C'était opposer des calculs aux calculs de
MM. Proudhon et Pierre Leroux, mais c'é-
tait accepter un point de départ commun,

c'était nier les conséquences, en admettant le principe; c'était faire, sans le vouloir, du socialisme éclectique.

Nous ne nous exposerons pas à une semblable méprise; nous oserons attaquer en face le principe du socialisme, et proclamer hautement les vérités sur lesquelles doit reposer l'ordre social.

Nous agirons de même à l'égard des questions politiques : nous remonterons jusqu'aux premières sources de l'erreur; nous n'attaquerons pas la révolution dans les désordres matériels que tout le monde blâme, ni même dans les égarements que l'expérience a plus ou moins condamnés; nous attaquerons les principes que l'on trouve bons, et dont on croit n'avoir à redouter que les abus; nous pénétrerons jusque dans le sanctuaire de la révolution, à travers les illusions généreuses qui en défendent l'accès, et nous déchirerons les voiles qui cachent de trop réelles infirmités.

Nous ne nous faisons pas illusion au point de croire que nos paroles puissent exercer une influence quelconque sur les opinions des ennemis de l'ordre. Notre ambition n'est pas d'écrire pour eux ; la Providence seule a le bras assez fort pour diriger la charrue sur un terrain que les préjugés ont rendu rebelle au travail de l'homme, et pour enterrer sous ses généreux sillons les herbes vénéneuses que l'orgueil y a semées et que l'aveuglement y récolte.

Le champ que nous venons amender est celui des amis de l'ordre, celui où les laboureurs imprévoyants ont semé l'ivraie et veulent recueillir le froment. Nous n'avons pas la prétention d'être l'ouvrier intelligent qui viendra faire éclore le bon grain à la place du mauvais; nous voulons seulement sarcler, d'une main hardie, le fond où la révolution et le socialisme ont pris naissance, et, Dieu nous venant en aide, préparer à notre malheureux pays une meilleure moisson.

PREMIÈRE PARTIE.

QUESTIONS NATIONALES.

QUESTIONS NATIONALES.

I.

OU EST LE MAL? — OU EST LE REMÈDE?

Division des partis. — Souveraineté illimitée de la raison. — Anarchie
de l'esprit humain.

Au milieu de la confusion d'idées et de prin-
cipes, de passions et d'intérêts, de partis anciens
et nouveaux qui troublent si profondément la so-
ciété, il y a cependant une question sur laquelle

1.

tout le monde est d'accord; il y a une vérité re-
connue par les socialistes de tous les camps et par
les conservateurs de toutes les nuances, par le
pauvre et par le riche, par le savant et par l'igno-
rant : cette vérité, c'est que la société est atteinte
d'un mal profond, tellement profond, qu'on déses-
père de la sauver, si le mal n'est pas bientôt vaincu
par d'héroïques remèdes.

Mais quel est ce mal?

Ici commencent les plus étranges et les plus
douloureux dissentiments. Il y a des hommes qui
osent dire que le mal est dans l'organisation so-
ciale elle-même, dans l'existence de la religion,
de la famille et de la propriété; des hommes qui
demandent avec une sauvage impatience que les
principes vénérés par les générations les plus bar-
bares comme les plus éclairées soient violemment
détruits et foulés aux pieds par une aveugle mul-
titude.

Il y a d'autres hommes qui se lèvent au premier
cri d'alarme de la société menacée, et qui offrent
leur vie pour la défendre; mais ces amis si nobles,

ces esprits si patriotiques, ces cœurs si éprouvés,
ne sont dévoués en commun qu'à une stérile né-
gation. Ils s'entendent bien quand il s'agit d'ex-
poser leur poitrine aux coups de l'ennemi, mais
quand il s'agit de soutenir la propriété et la fa-
mille par des doctrines positives, ils cessent d'ê-
tre d'accord, et chacun prétend avoir le droit de
professer des principes opposés.

Toutefois, ne soyons pas trop sévères à l'égard
de notre génération. Égarée par les leçons des
écrivains les plus éminents, flattée par tous ceux
qui ont voulu la dominer, comment aurait-elle ré-
sisté à ces perpétuelles séductions? Chacun de
nous, appuyé sur une raison déclarée souveraine,
n'avait-il pas le droit de faire un choix entre les
gouvernements qui ont promis tour à tour de ser-
vir les intérêts de la patrie?

Si la Providence est venue renverser inopi-
nément les constitutions auxquelles une aveugle
confiance avait promis de longues destinées, la
rapidité même avec laquelle les essais de tant
de formes politiques ont été interrompus a per-

mis de dire qu'ils étaient inachevés. D'un autre côté, la France elle-même, en se soumettant à un nouvel essai des principes et des formes de gouvernement que l'histoire avait le plus sévèrement condamnés, a encouragé les esprits à renier les leçons de l'expérience, et, par cette condescendance inouïe, elle a donné aux partisans des principes qui ont laissé des souvenirs moins douloureux, quelque droit d'attendre, avec une infatigable persévérance, le jour de tenter eux-mêmes une nouvelle épreuve.

Le mal n'est pas dans ces espérances excusables, ni même dans la division trop naturelle des partis, il est dans les principes qui sont la raison fatale de ces espérances et de ces divisions, c'est-à-dire dans les doctrines que la philosophie rationaliste a répandues et dans les séduisantes utopies que l'infatuation du dernier siècle a opposées aux vérités reconnues par les siècles précédents; il est, en un mot, dans le principe le plus cher à notre orgueil, dans le principe de l'infaillibilité de la raison, de cette infaillibilité honteuse qui n'ose pas s'avouer, et qui se fait appeler, dans l'école rationaliste, la liberté de penser.

Il ne s'agit pas assurément de nier ici la liberté de penser, mais cette liberté, elle-même, est, comme toutes les autres, soumise à des règles et à des limites nécessaires. La liberté de nier tous les principes, d'en proclamer sans cesse de nouveaux, de douter le lendemain de ceux qu'on a proclamés la veille, et de faire un choix entre ces principes incertains et opposés pour en construire un monument d'éclectisme, cette liberté sans limites, c'est la licence. Pourquoi la raison aurait-elle le privilége de s'affranchir de toute espèce de règle ? Est-ce que la raison est une puissance infaillible ? Dans quel temps a-t-elle prouvé son infaillibilité, et par qui a-t-elle été reconnue ? Est-ce que la raison s'est jamais inclinée devant elle-même ? Est-ce que la raison du lendemain n'a pas dédaigné la raison de la veille ? Est-ce que les temples de ce nouveau Dieu ne sont pas jonchés des idoles brisées que les générations précédentes avaient adorées ?

Respectons la raison, ne souffrons pas qu'on

éteigne ce reflet humain de la lumière divine; mais n'oublions pas que cette lumière, d'origine mystérieuse, peut incendier le monde en voulant l'éclairer.

Si les lois éternelles qui régissent le cours des astres étaient tout à coup suspendues, l'univers retomberait dans le chaos; ainsi que la matière, l'intelligence a ses lois, et, dès qu'elle s'en affranchit, elle tombe aussi dans le chaos. Ne semble-t-il pas, en effet, que depuis le jour où la raison a fait rendre à son infaillibilité un culte profane, elle ait été dépouillée de la faculté surnaturelle dont son nom est l'expression humaine, et condamnée, par un juste anathème, à errer dans les champs de la dégradation intellectuelle, comme ce peuple qui, lui aussi, était d'origine divine, et qu'un arrêt sans appel condamne à porter en tous lieux la peine de son orgueilleuse incrédulité?

Les plus coupables aujourd'hui ne sont pas ceux qu'on pense : les socialistes, qu'on accuse de tout le mal, sont tout simplement logiciens; logiciens cruels, logiciens impitoyables pour la gloire des libres penseurs, et cependant logiciens moins cruels et moins impitoyables pour la société que ces libres penseurs qui ont promis de la régénérer en proclamant la licence et l'anarchie de la raison, et qui n'ont été que les timides précurseurs de tous ceux qui voudront faire du désordre avec leurs principes.

Qu'il soit permis de le redire encore, il ne s'agit pas de désavouer la liberté de l'esprit humain, mais sa licence ; il ne s'agit pas de nier la raison universelle, mais la raison égarée de notre siècle : elle seule a fait le mal, elle seule peut le réparer. Qu'elle pose des limites à sa périlleuse souveraineté. Là est le remède ; là est le salut de la société. Il s'agit donc de solliciter cet ange déchu, cette victime enivrée de l'adulation des libres penseurs, d'ouvrir les yeux aux vérités sociales que la révélation divine nous a enseignées, et aux vérités politiques que la main généreuse de la Providence avait écrites dans l'histoire des révolutions accomplies sous les yeux de nos pères, et qu'elle semble avoir voulu écrire de nouveau dans les bouleversements immenses dont nous avons tous été acteurs ou témoins.

II.

PRINCIPES SOCIAUX ET POLITIQUES.

Distinction fondamentale. — Origine divine du contrat social. — Origine
traditionnelle du contrat politique.

La plupart des écrivains et des législateurs qui
ont cherché les moyens d'établir l'ordre dans les
sociétés, ont confondu les questions d'ordre so-
cial et les questions d'ordre politique. L'auteur du
Contrat social est tombé plus profondément que
tout autre dans cette confusion en discutant pêle-
mêle, dans son livre, les principes sociaux et les
principes politiques.

Si l'on veut découvrir avec certitude les véritables principes de l'organisation des États, il faut distinguer les deux natures de rapports qui existent dans toutes les sociétés humaines.

Il y a entre les hommes des rapports nécessaires et inévitables, qui dérivent des lois physiques de son existence. Il y aura toujours des pères et des fils, des mères et des épouses, des vieillards et des enfants; de là des rapports impérieux d'affection et d'assistance réciproque. Celui qui a créé ces rapports devait en même temps énoncer les principes qui peuvent les harmoniser; le Créateur n'a pas refusé à l'homme cet enseignement. Il a écrit d'abord dans le secret de sa conscience les instincts qui devaient le guider, et il pouvait suffire de l'abandonner aux inspirations naturelles de cette première révélation.

Mais la Providence, dans sa divine sollicitude, a voulu révéler sous une forme plus saisissable les principes qui devaient régler les rapports nécessaires de l'humanité; c'est alors que Moïse est venu apporter au peuple qui avait été choisi pour

servir d'exemple à tous les autres, les principes
sociaux gravés sur la table sainte, où la main
du Tout-Puissant avait écrit les principes reli-
gieux, et, après avoir rappelé à l'homme ses de-
voirs envers son Créateur, la loi révélée sur le
mont Sinaï a formulé les devoirs de l'homme en-
vers son semblable, en lui disant :

Tu respecteras ton père et ta mère.
Tu ne commettras ni meurtre ni adultère.
Tu ne déroberas pas le bien d'autrui.
Tu aimeras ton prochain comme toi-même.

Tout l'ordre social est contenu dans ces préceptes
divins; préceptes qui consacrent le droit de la
famille et de la propriété; préceptes sacrés et im-
muables comme la révélation elle-même; précep-
tes applicables à tous les peuples et à tous les
temps, parce qu'ils ont pour objet de régler des
besoins impérieux et universels, et parce que le
droit de la famille et de la propriété est le droit
commun de l'humanité.

Mais ce n'était pas assez d'avoir fait lire ces

préceptes au peuple hébreu sur les tables sacrées données à Moïse, Dieu a voulu les écrire pour tous les peuples, dans une loi nouvelle, qui est venue confirmer la loi ancienne, sans altération et sans réserve, afin de constater, par une révélation plus universelle, l'origine divine des lois sociales, et afin de leur assurer le respect des générations futures.

Le paganisme lui-même, comprenant que les principes sociaux devaient être d'origine divine, s'est toujours efforcé de les rattacher à quelque révélation fabuleuse; et le philosophe païen qui a écrit les plus beaux traités d'organisation sociale, Cicéron, adoptant la famille et la propriété comme les éléments fondamentaux et sacrés de toute société, les appelait, dans son beau langage,

Fœdera generis humani.

On oublie de nos jours avec une grande légèreté ce caractère immuable et sacré des principes sociaux, et on leur refuse parfois la nativité divine qu'on accorde aux principes religieux. Cependant cette fraternité d'origine entre les principes sociaux et les principes religieux n'est pas seulement écrite dans la révélation, elle se manifeste également dans l'histoire; jamais on n'a pu nier ouvertement les uns sans repousser en même temps les autres; les deux négations et les deux affirmations se tiennent, et le jour où un réformateur veut proclamer une loi sociale nouvelle, il se présente en même temps comme le missionnaire d'un nouveau Dieu. Toujours l'inflexible logique conduit à cette impiété les sectaires qu'une fatale audace entraîne; Proudhon n'avait pas craint de dire : *La propriété, c'est le vol,* il a osé être conséquent, et il a dit : *Dieu, c'est le mal.* Le délire de l'orgueil humain semble plus sacrilège dans cette seconde affirmation, mais il est également criminel dans l'une et dans l'autre.

Toutefois, cette aberration profane de la raison humaine porte en elle-même sa condamnation; car, pour échapper à cette logique infernale, il faut bien demander les lois sociales à une puissance plus élevée et plus infaillible que la raison, et on est naturellement conduit à implorer celui qui a donné à l'homme l'intelligence et la vie, afin qu'il détermine les principes qui peuvent en régler les rapports, comme il a assigné des lois positives au mouvement des corps célestes, et afin qu'il donne à l'humanité, dans son développement spirituel à travers les siècles, quelque chose de cette majestueuse harmonie qu'il a prodiguée dans les lois du monde physique et dans les révolutions des sphères innombrables qui se balancent sur les abîmes de l'infini.

A côté de ces rapports inévitables de l'homme, il y a des rapports facultatifs, des rapports d'association conventionnelle qui se forment et se modifient selon les temps et les lieux. Ces rapports, que la nature n'a pas imposés à l'homme, et que nous appellerons politiques, dans l'impossibilité où nous sommes de trouver un terme plus général, ne devaient pas être réglés par des principes révélés, comme les rapports sociaux, mais par des principes émanés de l'expérience humaine ; et c'est ici le lieu d'admirer la sagesse de la révélation chrétienne, qui, en dictant des principes sociaux positifs, universels et immuables, s'est abstenue de formuler également des principes politiques absolus et universels, afin que la foi chrétienne ne fût jamais dépendante du bouleversement des États et afin que les ministres du vrai Dieu eussent le droit de bénir également les drapeaux des républiques et des empires, sans imposer aux puissances de la terre d'autre obligation que celle de respecter les lois religieuses et sociales de la révélation divine.

Les principes politiques peuvent donc varier selon les temps et les lieux, selon les besoins et les intérêts des peuples : il n'est pas ici question des besoins et des intérêts que le caprice d'une génération peut se créer inopinément et légèrement, il est question des besoins traditionnels et des intérêts permanents, qui seuls peuvent motiver des conventions sérieuses ; et l'expérience vient à l'appui de ces assertions, car nous rencontrons partout et toujours les contrats politiques soumis à ces règles générales. En France, les lois se conforment aux besoins traditionnels du pays; en Angleterre, aux intérêts permanents du peuple britannique; et, depuis l'origine du monde, on ne trouve pas un seul exemple de deux peuples soumis à des lois politiques semblables.

Il appartenait à une époque de doute et de désordre de vouer un culte superstitieux à une forme particulière de gouvernement, et de prétendre qu'on peut la substituer partout aux institutions nationales qui se rattachent aux traditions des peuples divers; mais cette idolâtrie de république universelle supposerait de la part des nations une abnégation si absolue, une superstition politique si humiliante, qu'on ne doit pas faire à notre siècle l'injure de la croire possible. Si nous vivons dans un temps où nul ne peut répondre d'une surprise; s'il est permis de supposer l'avénement momentané d'une république universelle, il est également permis d'affirmer que cette république n'aurait pas de lendemain, et que les nationalités, un moment vaincues, ne tarderaient pas à reconquérir leur personnalité et leur indépendance.

Il serait inutile d'insister plus longtemps sur la distinction qui vient d'être établie entre les principes sociaux et les principes politiques; ces considérations générales peuvent suffire pour démontrer que les premiers sont d'origine divine, et les seconds d'origine traditionnelle : il est temps d'entrer dans un examen spécial des questions sociales et politiques, afin d'établir que les principes sociaux qui ne sont pas fondés sur la révélation, et que les principes politiques qui ne sont pas fondés sur la tradition nationale, ne peuvent être que des utopies désastreuses et sacriléges.

III.

CONTRAT SOCIAL. — SOCIALISME.

Hérésies sociales, sœurs des hérésies religieuses. — Impuissance de la société rationaliste contre le socialisme. — Rousseau, L. Blanc, Barnave, Marat. — Catholicisme, seule contradiction absolue des hérésies sociales. — Victoires du catholicisme.

Lorsque Moïse vint apporter au peuple hébreu les préceptes divins qui résumaient la loi sociale en même temps que la loi religieuse, il annonça à ce peuple des récompenses terrestres, s'il observait fidèlement ces préceptes, et des châtiments sévères, s'il osait les enfreindre.

Cette prédiction s'est réalisée maintes fois dans la vie du peuple hébreu : le passage miraculeux du Jourdain, la prise plus miraculeuse de Jéricho, les victoires remportées sur les Amorrhéens et les Madianites ont été le prix de la soumission des Hébreux à la loi divine. D'un autre côté, les châtiments n'ont pas manqué à leurs égarements : la terre s'est entr'ouverte pour engloutir les chefs d'une insurrection avec leurs femmes et leurs enfants ; la peste est venue enlever ceux qui s'étaient laissé enivrer d'un amour coupable pour les filles des Madianites ; enfin, l'arrêt qui condamna ce peuple ingrat à errer quarante ans dans le désert, et Moïse lui-même à mourir au moment où ses yeux découvriraient la terre promise, est resté comme un témoignage éclatant du sort réservé aux peuples qui méconnaissent les lois religieuses et sociales de la révélation divine.

Depuis que la loi nouvelle est venue confirmer chez tous les peuples les préceptes de la loi ancienne, les récompenses et les châtiments de l'autorité divine n'ont pas été aussi instantanés et aussi manifestes que dans l'histoire du peuple juif; mais deux grands faits apparaissent constamment depuis dix-huit siècles dans les annales du monde chrétien :

Toutes les fois que la raison, franchissant les limites de son pouvoir sur les sociétés humaines, étend son droit de libre examen aux principes religieux révélés, elle enfante l'anarchie religieuse;

Toutes les fois qu'elle a fait ce premier pas, elle en fait un second : elle met en question les principes sociaux révélés et enfante l'anarchie sociale.

Il n'entre pas dans le plan de ce travail de traiter la première proposition; il suffit de l'énoncer ici, et de renvoyer ceux qui auraient quelques doutes à l'admirable *Histoire des Variations*. Quant à la seconde, elle est la conséquence nécessaire du lien intime et divin qui unit les principes religieux et les principes sociaux, et c'est à l'origine même des hérésies que se produit l'explosion simultanée des hérésies sociales et l'anarchie qui en est la conséquence.

L'hérésie pélagienne attaque le principe de la propriété, l'hérésie manichéenne le principe de la famille. Les hérétiques vaudois et albigeois ne formulent pas leurs hérésies sociales aussi clairement que les pélagiens et les manichéens, mais le jugement qui les condamne démontre qu'ils ont voulu aussi renverser les lois sociales révélées. Enfin, la secte des anabaptistes, née au sein même de la réforme religieuse, fondée sur ses principes, développée par Nicolas Storck, ami de Luther, et par son disciple Jean de Leyde, vient donner au monde l'exemple le plus éclatant et le plus douloureux du rapport intime qui enchaîne les hérésies religieuses aux hérésies sociales. C'est le même principe qui engendre la réforme religieuse et la réforme sociale. Tandis que Luther renverse l'autorité de l'Église universelle, en proclamant que la raison individuelle est le juge suprême de l'interprétation de la loi religieuse révélée, Jean de Leyde renverse l'organisation sociale en vertu du même principe. Admettez en effet que Luther et Calvin aient le droit d'interpréter les

saintes Écritures au point de vue religieux, vous
devez admettre également que Jean de Leyde ait
le droit d'interpréter les saintes Écritures au point
de vue social. Il n'y a pas de différence entre
Henri VIII séparant son royaume de l'Église catho-
lique et répudiant la reine Catherine d'Aragon
afin de légitimer sa passion adultère pour la jeune
Anne de Boleyn, et le fameux Jean Mathias, bou-
langer de Harlem, embrassant l'anabaptisme et ré-
pudiant sa femme légitime pour lui substituer la
fille d'un brasseur, brillante de jeunesse et de
beauté.

Il serait inutile d'insister sur ces tristes rap-
prochements entre les hérésies sociales et les hé-
résies religieuses; il suffit de les avoir constatés.
Il convient même de rendre ce témoignage aux
principaux réformateurs religieux du seizième siè-
cle, à Luther, à Calvin, à Zwingle et à Henri VIII,
qu'ils ont combattu avec énergie les conséquences
des principes qu'ils avaient posés. Les Églises
qu'ils ont fondées ont lutté à leur tour, avec une
égale énergie, pour résister aux entraînements du

principe de l'infaillibilité de la raison, et il est permis d'applaudir avec bonheur à cette inconséquence aussi honorable qu'inespérée, à cette victoire illogique et surnaturelle, car on peut y voir la récompense de la fidélité de ces Églises à des dogmes catholiques importants, et le prix du respect qu'elles gardent pour l'origine divine des Écritures, tout en les soumettant à leur jugement.

Après avoir donné aux réformateurs ce témoignage d'estime pour leurs efforts passés, on peut se croire le droit de douter de leur succès à venir, et de craindre qu'ils ne cèdent tôt ou tard au courant qui les entraîne; car il est impossible de ne pas reconnaître que le principe qu'ils ont proclamé, c'est-à-dire, le principe de l'infaillibilité de la raison, nommé par eux le principe du libre examen, a toujours été la commune origine des hérésies sociales et des hérésies religieuses qui ont affligé le monde depuis plusieurs siècles. Si l'hérésie sociale n'a pas toujours succédé d'une manière apparente à l'hérésie religieuse, si les principaux docteurs des Églises d'Allemagne et d'Angleterre ont

été inconséquents, les peuples ne l'ont pas été :
la nation germanique surtout paraît marcher de
la réforme religieuse à la réforme sociale avec
un aveuglement formidable, et, si l'Église angli-
cane a mieux réussi à modérer les peuples qui ont
adopté ses dogmes, il reste à savoir si la richesse
et la hiérarchie imposantes de cette Église ne sont
pas les uniques fondements de son inconséquence.

Quoi qu'il en soit, il reste certain que la réforme
socialiste, aujourd'hui comme il y a trois siècles,
emprunte à la réforme religieuse son principe de
libre examen pour détruire l'ordre social révélé,
et que les réformateurs religieux et les réforma-
teurs socialistes proclament encore les mêmes for-
mules et adoptent les mêmes maximes.

Le philosophe protestant de Genève avait écrit :

Tout est bien sortant des mains de la nature.

Le philosophe socialiste Louis Blanc a répété
cette sentence dans les termes suivants :

*On accuse de presque tous nos maux la corrup-
tion humaine, il faudrait en accuser le vice de nos
institutions sociales.*

Rousseau avait écrit encore :

La terre n'est à personne, les fruits sont à tout le monde.

Babœuf a soutenu à son tour cette maxime :

La nature a donné à chaque homme un droit égal à la jouissance de tous les biens.

Tel est le fruit du libre examen étendu jusqu'aux lois sociales révélées, il enfante l'anarchie; il n'est pas besoin, pour l'attester plus clairement, de passer en revue toutes les utopies socialistes; les formules générales qui viennent d'être citées, les faits qui ont été rappelés et ceux dont nous sommes témoins, sont une démonstration suffisante.

Malheureusement la société, qui voit cette anarchie et qui la repousse, ne s'aperçoit pas qu'elle repose elle-même sur le principe de ce désordre, c'est-à-dire sur le principe de la souveraineté de la raison. C'est pourquoi elle fait de vains efforts pour en combattre les conséquences.

M. Thiers lutte avec un talent remarquable contre M. Proudhon, le tournoi est brillant, il intéresse le spectateur par l'éloquence du premier et par l'audace du second ; mais il n'y a pas de juge du combat, parce que la raison de chacun est souveraine, et l'on chante un *Te Deum* dans les deux camps avec une égale autorité.

Aujourd'hui la légalité est pour M. Thiers ; mais qu'est-ce que la légalité sous le régime de la souveraineté de la raison ? Une question de majorité ou de minorité ; rien de plus. Hier la majorité voulait le maintien de la famille et de la propriété, demain elle pourra en décréter l'abolition. Cette extrémité paraît déplorable, mais, il faut bien le dire, elle est la conséquence naturelle et inévitable des principes reconnus ; les révolutionnaires s'arrêtent quelquefois, les révolutions ne s'arrêtent jamais (1).

Quelques jours avant de porter sa tête sur l'échafaud révolutionnaire, Barnave avait dit : « Il faut que la révolution s'arrête, car elle ne peut aller plus loin sans danger. » Mais Barnave ne pouvait donner à la révolution un motif légitime de s'arrêter ; la raison de ceux qui voulaient aller plus

______

(1) L'élection du 10 mars, à Paris, est un avertissement.

loin n'était pas moins souveraine que celle de Barnave, et la révolution a continué sa marche dévastatrice. Marat avait été plus conséquent, il avait dit : « L'égalité des droits conduit à l'égalité des jouissances, et l'idée ne se reposera que sur cette base. » L'événement a justifié la sentence de Marat : l'idée ne s'est pas arrêtée à l'égalité des droits politiques, et le système de Babœuf est venu proclamer l'égalité des jouissances. On a repoussé une première fois par la force cette conséquence du principe d'égalité; mais le socialisme a reparu de nouveau demandant impérieusement l'égalité des jouissances, et le principe menace cette fois de triompher de la force. Ce qui est certain, c'est que la société n'a pas aujourd'hui plus d'arguments qu'hier à opposer au socialisme. On dit bien quelquefois que l'égalité des jouissances est suffisamment garantie depuis que les emplois et la fortune sont également accessibles à tous; mais, avec cette manière de raisonner, on justifierait l'ancien régime lui-même.

Le seul argument spécieux que la société rationaliste puisse opposer au socialisme, c'est celui que la statistique lui a fourni. Il est évident que la terre ne sera jamais assez féconde pour donner à tous une part suffisante de bien-être, et la conséquence réelle d'une communauté quelconque de biens serait forcément une misère commune. Les socialistes de bonne foi, qui ne peuvent pas nier cette vérité, ont inventé un singulier expédient pour obvier à l'insuffisance des ressources actuelles du monde : ils ont proposé d'employer les *détritus* humains à la fertilisation de la terre ; dans leur système, les générations qui s'en vont seraient, qu'on pardonne le choix de cette expression, le fumier des générations qui arrivent : la terre acquerrait ainsi une fécondité sans limites, et le socialisme serait réalisé !... Cela s'appelle, dans le jargon socialiste, la loi du *circulus*. On ne saurait dire que cette chimère nauséabonde réfute l'objection de la statistique ; mais que les socialistes se contentent de l'égalité de la misère, et l'objection de la statistique tombera comme toutes les autres.

La société rationaliste a essayé d'un autre argument contre le socialisme : elle lui reproche d'asservir toutes les volontés à celle de l'État, et cet asservissement est en effet consacré par tous les systèmes connus du socialisme. Le *Voyage en Icarie* s'est exprimé à ce sujet avec une grande franchise dans le passage suivant : « Pour que la commu- « nauté puisse remplir sa mission, qui est de pro- « duire la richesse et le bonheur, et pour qu'elle « puisse éviter les doubles emplois et les pertes, « économiser et décupler la production agricole et « industrielle, il faut de toute nécessité que la so- « ciété concentre, dispose et dirige tout; il faut « qu'elle soumette toutes les volontés et toutes les « actions à sa règle, à son ordre et à sa discipline. » Le sacrifice de la liberté à l'omnipotence de l'État ne saurait être plus complet; mais, en parlant ainsi, les socialistes ne font que proclamer dans l'ordre social un principe qui **a** été proclamé dans l'ordre politique, et dont l'école rationaliste a tiré des conséquences d'une tyrannie sans mesure : dans l'enseignement public, lorsqu'elle a déclaré que les enfants appartenaient à l'État avant d'appartenir à

leur famille, et dans l'administration, lorsqu'elle a
construit cette grande machine administrative qu'on
a appelée la centralisation. Il importe surtout de faire
remarquer ici que c'est précisément cette omni-
potence centrale qui, en détruisant la liberté des
communes et des corporations, a préparé les voies
à l'établissement du communisme.

Il faut donc que la société rationaliste en prenne
son parti : elle sera toujours impuissante à combat-
tre les principes du socialisme, c'est-à-dire le prin-
cipe de la souveraineté de la raison et le principe
de l'omnipotence de l'État, qu'elle a proclamés
elle-même. Elle a beau nier les conséquences de
ce principe, les logiciens du socialisme les feront
tôt ou tard prévaloir contre elle.

Si on veut combattre avec succès le socialisme,
il faut se placer résolûment sur un autre terrain,
sur celui où les vrais principes de l'ordre social,
ceux de la famille et de la propriété, sont consacrés
par une autorité supérieure, par une puissance sur-
naturelle, en un mot, sur le terrain du catholi-
cisme.

Il est vrai qu'il existe d'autres communions chrétiennes qui sont restées fidèles au principe de la propriété et de la famille; mais déjà il a été démontré que ces communions ont proclamé elles-mêmes le principe générateur du socialisme, et, tôt ou tard, elles peuvent être entraînées jusqu'à la négation de l'ordre social. Le catholicisme, au contraire, a conservé, par une tradition fidèle et non interrompue, depuis le premier apôtre jusqu'à nos jours, l'interprétation des préceptes divins qui ont posé les bases du contrat social; et telle est la certitude des principes sociaux dans l'Église universelle, qu'un catholique ne peut jamais devenir socialiste sans renier à l'instant sa foi, tandis que le protestant peut devenir socialiste en vertu même de son principe religieux; en d'autres termes, dans l'Église universelle, si l'homme succombe, c'est la conséquence de son imperfection originelle, mais le principe ne fléchit pas; dans l'Église réformée, au contraire, c'est le principe qui entraîne l'homme dans l'abîme.

Il faut ajouter que l'Église universelle, dépositaire

fidèle de la sagesse et de la prévoyance divines, ne s'est pas bornée à déterminer les bases du contrat social et à défendre tout ce que le socialisme attaque, elle a de plus attaqué tout ce que le socialisme défend. C'est ainsi qu'elle a repoussé le principe de l'égalité sociale et le principe de la satisfaction des sens, qui sont le but des doctrines socialistes, en opposant à ces principes cette sentence du Sauveur des hommes : *Il y aura toujours des pauvres parmi vous;* et, afin d'enseigner la soumission à cette sentence, elle a encouragé et béni la vocation de ces hommes pleins de sainteté qui ont fait vœu de pauvreté et donné l'exemple de l'abnégation à côté de celui de toutes les vertus.

Voudrait-on en conclure que le catholicisme est une doctrine désespérante et qu'il condamne l'homme à d'intolérables douleurs? Qui donc mieux que le catholicisme possède le secret de nous consoler des misères et des inégalités de cette vie, et de nous combler de jouissances spirituelles bien au-dessus de celles que le monde peut offrir ! Qui donc nous apprend à mieux servir la pauvreté, en nous

répétant chaque jour ces divines paroles : « Quand
« vous ferez l'aumône, que votre main gauche ne
« sache pas ce que fait votre main droite. » Qui
donc vient plus assidûment nous apporter sur le lit
de nos douleurs cette immortelle espérance : « Heu-
« reux ceux qui seront dans l'affliction, car ils se-
« ront consolés ! » Qui donc, enfin, oppose à tous
les outrages cette généreuse et sublime réparation ?
« Aimez vos ennemis, bénissez ceux qui vous mau-
« dissent, faites du bien à ceux qui vous haïssent,
« priez pour ceux qui vous outragent et qui vous
« persécutent. »

Et ce n'est pas pour la circonstance que le catho-
licisme nous offre ces inépuisables consolations et
ces admirables encouragements ; ce n'est pas pour
repousser l'invasion du socialisme qu'il enseigne
à l'homme à respecter la famille et la propriété,
à combattre ses passions, à être leur maître et
non leur esclave ; il y a plusieurs siècles que le
catholicisme ne cesse de répéter ces divins ensei-
gnements : l'hérésie des anabaptistes et l'hérésie
des pélagiens n'avaient pas encore paru lorsque

le catholicisme a proclamé que la famille et la propriété étaient des institutions de droit divin.

Enfin, dans cette lutte contre les doctrines anti-sociales, le catholicisme n'est pas seulement un écho de la parole divine, il est en même temps un hommage aux lois naturelles les plus imprescriptibles, tandis que le socialisme est la révolte de l'esprit humain contre ces mêmes lois.

En effet, supposer que la fin de l'homme soit un état parfait d'égalité, c'est supposer que celui-ci sera satisfait le jour où le niveau de l'égalité aura réduit ses semblables à la même condition que lui. Or, cette supposition atteste une complète ignorance du cœur humain. L'homme éprouverait sans doute un premier sentiment de satisfaction ; son envieuse convoitise n'aurait plus rien à demander le jour où toutes les supériorités seraient abaissées ; mais les autres passions de l'homme, loin d'être apaisées, seraient ranimées par ce succès : elles viendraient à leur tour demander une place au festin des jouissances, et leurs exigences seraient d'autant plus légitimes, qu'elles s'adresseraient à un régime qui s'est donné pour mission la satisfaction des passions les plus vulgaires.

Il ne faut pas s'y tromper, l'amour de l'égalité ne domine aujourd'hui tous les penchants que parce qu'il est celui du plus grand nombre et parce qu'il les résume tous en un seul : c'est l'ambition de la fortune et des honneurs, c'est la cupidité et la soif de l'or,

Amor sceleratus habendi,

qui se cachent derrière une nouvelle formule d'ordre social. Vienne le triomphe de cette formule, et bientôt on verra l'armée des égalitaires se convertir en légions impatientes de marcher à la conquête de nouvelles satisfactions. L'état d'égalité que rêvent les socialistes, loin d'être la fin nécessaire de l'homme, ne serait qu'un état précaire, une victoire momentanée de l'envie et un encouragement à toutes les passions, qui ne pourraient être satisfaites que par la destruction même de l'égalité.

Que le socialisme nie l'efficacité des lois humaines pour assurer d'une manière absolue le bien-être des sociétés, le catholicisme ne protestera pas contre cette sentence; mais que le socialisme espère trouver des lois parfaites, c'est là son incontestable erreur; il n'en faut pas ici d'autres preuves que celles qu'il nous a données lui-même.

En effet, que propose le socialisme pour réprimer le vol et l'adultère? Il propose de supprimer la propriété et le mariage. Il faut convenir que ces institutions sociales abolies, il n'y aurait plus de crime qualifié vol et adultère. Mais de deux choses l'une : ou la liberté de posséder tous les biens de la terre et de se posséder les uns les autres sera limitée, ou elle ne le sera pas.

Si elle est sans limites, il arrivera que deux hommes pourront aspirer en même temps à la possession d'un même objet, et l'un des deux sera dépossédé pendant que l'autre possédera par la force ou par la ruse. Alors il se passera un acte de violence non qualifié de vol ou d'adultère, mais auquel il faudra donner un nom quelconque; la formule pourra être nouvelle, l'acte sera le même; il y aura donc toujours un coupable, et le crime survivra à la qualification.

Si la liberté de jouir est limitée, quelque faible que soit la limite, elle établira un droit de possession et ramènera au principe de l'ordre social actuel; il n'y aura de dissidence que sur l'étendue du droit. Ainsi, quel que soit le parti qu'on adopte, on ne parviendra pas à supprimer le crime et à décréter la vertu. C'est qu'en effet ce n'est pas la loi qui fait le crime, c'est la passion; or, le socialisme ajoute à l'impuissance des lois par cela même qu'il stimule les passions. Le catholicisme, au contraire, combat les passions et assure par là le respect et l'efficacité des lois.

Les doctrines socialistes sont donc condamnées également par les lois de la révélation et par les lois de la nature; jamais les hommes ne trouveront sur la terre ce bonheur et cette richesse matérielle que le socialisme leur promet. Quels que soient les moyens de réalisation que découvre le génie aventureux des chefs socialistes, le but qu'ils poursui-

vent ne sera pas atteint; et, si Dieu permettait
l'avénement miraculeux d'une de ces obscures fo-
lies qu'ils appellent la *banque d'échange*, le *cir-
culus* ou la *triade*, l'ardeur infatigable des pas-
sions humaines, stimulée par ce premier succès,
invoquerait de nouvelles folies pour satisfaire de
nouvelles cupidités.

Il se peut que la Providence se serve des socia-
listes pour nous punir d'avoir méconnu les lois
de sociabilité que sa prévoyante sollicitude nous
avait données; il se peut qu'elle nous les enlève
un moment pour nous en faire comprendre tout
le prix; mais il ne sera pas donné aux réforma-
teurs socialistes de faire un nouveau contrat so-
cial, et tôt ou tard l'humanité reviendra chercher
les principes, qui doivent régler ses légitimes rap-
ports, à la source divine qu'aucune ingratitude ne
saurait tarir.

Ne croyons pas, d'un autre côté, que la société
puisse réfuter et détruire le socialisme par cela
seul qu'elle invoque le secours de l'Église, et

qu'elle demande à celle-ci d'opposer ses préceptes vénérés aux utopies insensées des novateurs modernes.

On ne protége pas une société incrédule contre les doctrines des incrédules, on ne défend pas la souveraineté de la raison contre elle-même. Ce serait vouloir protéger le socialisme contre lui-même.

Lorsque l'Église a sauvé la société de l'invasion des doctrines antisociales, la société n'était pas rationaliste. Aux impies qui voulaient déchirer le contrat social, écrit dans le code de la révélation divine, l'Église opposait des légions de fidèles qui savaient respecter et défendre la révélation. C'est avec cette assistance qu'elle a vaincu plusieurs fois et qu'elle vaincra toujours; c'est en nous voyant ralliés au symbole de ses croyances qu'elle peut nous dire encore :

In hoc signo vinces !

Qui donc empêche la société de reconnaître les principes du catholicisme et de marcher, sous la conduite de l'Église, à une victoire certaine? Question grave, qui sera examinée dans un des chapitres suivants.

Concluons seulement ici que le contrat social est fondé sur des lois révélées universelles et immuables, parce qu'il a pour mission permanente de régler des rapports communs à tous les peuples et à tous les temps, et qu'il est impossible de déchirer ce contrat sans troubler l'ordre de la nature et sans précipiter l'humanité dans le chaos.

Ce qui est du domaine de l'homme, c'est le contrat politique; sur ce terrain, il est maître de réformer et d'innover, si les circonstances l'exigent. Alphonse de Bourgogne est proclamé roi de Portugal sur le champ de bataille; mais, persuadé que les soldats ne sont pas la nation, il convoque les cortès de Lamega. Laurent de Vegas demande à l'assemblée: « Voulez-vous qu'Alphonse soit votre roi? Tous répondent : Oui!

— « La royauté finira-t-elle avec lui?

— « Alphonse sera notre roi, et après lui ses enfants.

— « Voulez-vous que les filles succèdent à la couronne?

— « Oui, pourvu qu'elles se marient à un prince portugais. »

Voilà un contrat politique nouveau.

Mais les peuples ont-ils intérêt à renouveler souvent leurs contrats politiques? Par quelle autorité peuvent-ils être établis? Quelle forme et quelle nature de gouvernement doivent-ils préférer? Telles sont les questions qu'il importe d'examiner et qui seront le sujet des chapitres suivants.

IV.

PRINCIPES POLITIQUES.

Principe d'autorité traditionnel limité. — Souveraineté du droit. —
Principe d'autorité révolutionnaire et illimité. — Souveraineté
de la force.

Si l'on veut prouver que les principes politiques
vrais sont les principes nationaux et tradition-
nels, il faut sortir des généralités et dire quel
est le principe vrai relativement à tel ou tel
peuple.

Cette recherche ne serait pas permise, si elle de-
vait avoir pour conclusion que la France, par exem-

ple, doit se prononcer *hic et nunc* pour tel principe politique. Mais si elle a pour but d'éclairer les résolutions à l'avenir, elle devient légitime; on peut ajouter même qu'elle est nécessaire. Il y a trop longtemps que l'on se méprend en France sur la valeur réelle des principes politiques; les esprits se sont soulevés, les partis se sont formés, les luttes ont été engagées, les trônes brisés ont volé en éclats, et, le plus souvent, les combattants n'avaient jamais compris la devise du drapeau qu'ils avaient répudié ni même celle du drapeau qu'ils avaient suivi. Les préjugés ou l'attrait du combat ont suffi presque toujours à nous entraîner.

Il est temps d'en finir avec ces malentendus et d'arriver au terme de nos longues et sanglantes querelles. Sur quoi roule aujourd'hui le débat? Sur le principe de l'autorité. Les uns la font dériver du droit de la souveraineté du peuple proclamé en 1793, les autres la font remonter à un droit antérieur et traditionnel. En un mot, il y a un principe nouveau et un principe ancien d'autorité, mais l'un et l'autre ont été mal compris; c'est donc un devoir de les définir avec toute la précision possible et d'en apprécier avec impartialité les conséquences.

On a essayé souvent de donner une définition générale et absolue de la souveraineté du peuple, et on a toujours échoué à l'œuvre. Tout le monde sait que l'auteur du *Contrat social*, qui a pour ainsi dire épuisé la question, n'a jamais pu donner lui-même que des définitions contradictoires.

C'est qu'en effet l'idéal ici est insaisissable et indéfinissable; à l'époque où Rousseau écrivait, la souveraineté du peuple, qu'il demandait, n'avait pas existé. Aujourd'hui la tâche est plus facile: le principe posé à la fin du dernier siècle a été formulé et mis en pratique, il ne s'agit plus que de définir une réalité.

Le même avantage se présente dans la question du droit de souveraineté, antérieur au droit de la souveraineté du peuple, car ce droit ancien a existé longtemps, et sa définition n'est qu'une question d'histoire; il paraîtra même juste, sans doute, de donner le pas à la souveraineté la plus ancienne et d'accorder ce respect historique à son droit d'aînesse.

Dans la constitution qui, pendant plusieurs siècles, a régi la monarchie française, dans cette constitution qu'on peut appeler le vieux code de la souveraineté, l'autorité résidait dans la royauté héréditaire et dans la représentation nationale. Cette double autorité était inviolable et sacrée, et cette inviolabilité, reconnue par la tradition, constituait une véritable *souveraineté du droit*.

La royauté exerçait un pouvoir souverain dans les limites des lois fondamentales, et la nation, représentée par les états généraux, gardait le droit de voter l'impôt et de prononcer sur les démembrements de territoire ; elle conservait d'ailleurs un droit éventuel de remontrances sur l'exécution des lois et la bonne administration du royaume, droit réel, car ces remontrances pouvaient avoir pour sanction le refus des subsides.

L'inviolabilité du principe héréditaire de la monarchie étant un droit national, la Providence seule pouvait la suspendre, ou, pour mieux dire, la rendre

impossible à appliquer; en permettant l'extinction
ou l'absence de la famille à laquelle la tradition na-
tionale avait confié le dépôt héréditaire du pouvoir.
Toutefois dans ces cas de force majeure, la nation,
loin d'abolir le principe héréditaire, devait le trans-
porter dans une autre famille. Les États généraux
exerçaient alors un droit de souveraineté réel, mais
rigoureusement défini et limité par la souveraineté
du droit.

Ces lois fondamentales n'avaient jamais été réu-
nies en un corps de doctrines, en une charte pro-
prement dite; mais elles avaient été consacrées par
la tradition et résumées dans les cahiers de 1789.
Enfin la constitution, votée par les assemblées de
1790 et 1791, les avait formellement consacrées,
car ces assemblées elles-mêmes n'avaient pas en-
tendu que le droit de reviser les institutions,
qu'elles venaient de réunir pour la première fois
en une seule charte, fût applicable aux lois fon-
damentales; loin de là, il avait été stipulé que l'as-
semblée de révision prêterait serment de maintenir
ces lois et de rester fidèle à la nation, à la loi et au

roi ; la souveraineté des assemblées était ainsi li-
mitée par la souveraineté du droit (1).

Dans la souveraineté du peuple, telle qu'elle
a été proclamée et comprise en 1793, le principe
d'autorité émane uniquement de la nation. De là
un droit nouveau, droit absolu de changer indéfi-
niment les dépositaires de l'autorité : droit nécessai-
rement illimité par sa nature, et toujours illimité
dans les constitutions comme dans les faits, de-
puis cinquante ans.

Nous avons pu lire, en effet, dans l'acte constitutif
du 24 juin 1793, que *la souveraineté réside dans le
peuple*, qu'*elle est imprescriptible et inaliénable*,
et que *le peuple* A TOUJOURS *le droit de revoir, de
réformer et de changer sa constitution* (2). Suppo-
ser qu'une limite quelconque puisse être imposée à
ce droit, même une simple limite de *temps*, ce
serait admettre que la nation n'a pas *toujours* le
droit de changer sa constitution. Ce serait violer

(1) Voyez le titre relatif à la révision de la constitution de 1791.
(2) Voyez art. 25 et 28 de l'acte constitutif du 24 juin 1793.

l'article fondamental qui vient d'être cité ; ce serait subordonner la souveraineté du peuple, qui est supérieure à tout. Imposer des limites à la souveraineté du peuple ! Qui le pourrait ? le peuple apparemment. Étrange contrat dans lequel celui qui impose est le même que celui qui accepte ; contrat résiliable à toute heure ; car, pour le rompre, le peuple n'a de permission à attendre que de lui-même.

Ce droit sans limite et sans règle peut paraître insensé, et il a paru tel à ceux mêmes qui l'ont proclamé, à ce point qu'ils ont écrit, à côté du droit de reviser *toujours* la constitution, l'obligation de la reviser *seulement* dans certaines circonstances. Mais cette seconde disposition était contraire au principe de la souveraineté, et jamais elle n'a été respectée ; c'est le droit de reviser toujours la constitution qui a prévalu en fait, depuis soixante ans, en dépit de toutes les limites de temps et de forme qu'on a voulu lui imposer. Vainement la Convention, après avoir méprisé elle-même les barrières posées par la souveraineté du droit dans la constitution de 1791, a voulu relever ces barrières; vainement elle a voulu imposer à la souveraineté du peuple une abstention de neuf années; vainement elle a *remis le dépôt de la constitution à la vigilance des pères de famille, aux épouses et aux mères, à l'affection des jeunes citoyens et au courage de tous les Français* (1); vainement les assemblées suivantes ont imité l'exemple de la convention. Tous ces appels au patriotisme et à la fidélité ont été inutiles; toutes ces déclarations d'inviolabilité ont été foulées aux pieds, et il ne s'est jamais élevé, au nom du peuple, une seule protestation contre les actes de souveraineté illimitée qui ont renversé tour à tour les constitutions de 1793, 1795, et de 1830. Sérieusement pouvait-il en être, autrement? Le peuple ayant détruit violemment la constitution de 1791, au mépris de toutes les dispositions législatives qui imposaient un sursis au

---

(1) « Le peuple français remet le dépôt de la présente constitution à « la fidélité du corps législatif, du directoire exécutif, des administra- « teurs et des juges, à la vigilance des pères de famille, aux épouses et « aux mères, à l'affection des jeunes citoyens, au courage de tous les Fran- « çais. » (Article 377 de la constitution de l'an II, 4 décembre 1793.)

droit de révision, pouvait-il douter du droit de bri-
ser également les constitutions ultérieures, nonobs-
tant les dispositions qui prétendaient condamner
dans l'avenir ce qui avait été glorifié dans le passé?
En d'autres termes, la souveraineté du peuple,
n'ayant reconnu aucune limite le 24 juin 1793,
pouvait-elle, sans se donner un démenti manifeste,
en reconnaître une le 22 août 1795 et le 24 février
1848? Toutes les dispositions contraires au droit il-
limité de reviser les constitutions étant nécessaire-
ment nulles en principe, devaient être nulles en
fait. Supposer ces dispositions valables, ce serait
déclarer que les constitutions reconnues en 1793,
1795, 1830 et 1848, ne sont que des usurpations
violentes, des crimes de lèse-majesté nationale. Si
on veut que ces constitutions aient un fondement
quelconque, il faut admettre le droit nouveau, le
droit illimité et violent qui vient d'être défini.

Supposera-t-on que ces coups d'État populaires
ne se présenteront plus, que la majorité, désor-
mais régulièrement convoquée, déterminera tou-
jours les conditions du contrat politique? Eh bien,

dans ce cas, le droit de la force ne disparaîtrait pas encore. Qu'est-ce que la majorité dans le système de la souveraineté illimitée du suffrage universel sans condition et sans règle? Qu'est-ce que la majorité dans des assemblées où on compte dix mille hommes sans lumières pour dix hommes de savoir, mille caporaux pour un maréchal? Est-ce la raison la plus forte qui prévaut ou la raison du plus fort? On comprend que le droit de la majorité soit fondé sur la raison dans une réunion d'électeurs réellement égaux, dans l'ordre des avocats, et dans des corporations de commerçants ou d'ouvriers; mais dans des assemblées qui réunissent confusément toutes ces aptitudes très-inégales bien que très-réelles, le triomphe de la majorité sera toujours le triomphe de la quantité sur la qualité, de la force numérique sur la force morale; ce sera, il faut bien le répéter, le règne légalisé de la force.

Ainsi, quoi qu'il arrive, sous l'empire du nouveau droit de souveraineté, la constitution de la veille ne sera jamais sûre d'être la constitution du lendemain, peu importe qu'elle tombe devant une insurrection ou devant une délibération parlementaire, elle tombe toujours devant le droit régulier ou irrégulier de la force.

Lorsque le fondateur de la république américaine a fait son testament politique, il semble qu'il ait voulu protester contre la souveraineté de la force et léguer à son pays la souveraineté du droit dans ces paroles mémorables :

« Si dans l'opinion du peuple, dit Washington,
« une distribution nouvelle ou des modifications
« sont désirables dans l'organisation constitution-
« nelle, il faut opérer les réformes suivant les voies
« légales, mais non souffrir que ces changements
« aient lieu par usurpation. On arrive quelquefois à
« produire un bien passager par ce dernier moyen ;
« mais, en général, il est l'arme la plus usitée pour
« détruire un gouvernement libre, et il finit tou-
« jours par en amener la chute (1). »

La réforme en dehors des voies légales, c'est

(1) *Adresse d'adieu au peuple des États-Unis*, Corresp. de Washington, p. 164.

celle qui a commencé au jeu de paume, c'est ce que Washington appelle *usurpation*, c'est ce qu'on nomme depuis soixante ans *souveraineté du peuple*, c'est ce que nous appelons *souveraineté de la force*.

La réforme par les voies légales, c'est la réforme limitée par le droit fondamental, c'est ce que Washington conseille, c'est ce que Louis XVI a proposé à l'Assemblée des États généraux, c'est ce que nous appelons souveraineté du droit.

V.

CONSÉQUENCES DE CES PRINCIPES.

Épreuve du principe traditionnel; féodalité; transition de l'esclavage à
la liberté; stabilité dans le progrès. — Épreuve du principe révolu-
tionnaire; instabilité, décadence, socialisme.

Le chapitre précédent a établi qu'il y avait, en
France, un droit ancien et un droit nouveau de
souveraineté, un droit national limité et un droit
révolutionnaire illimité, en un mot, un principe
d'autorité traditionnel et un principe d'autorité
fondé en 1793. Il reste à examiner de plus près
ces deux droits dans leurs effets et dans leur ca-
ractère essentiel.

Personne ne peut ignorer les effets du vieux droit et du nouveau droit sur la société française; il peut donc suffire de résumer en peu de mots la vérité historique à ce sujet.

Lorsqu'on embrasse dans son ensemble le souvenir de l'épreuve que la France a faite du vieux droit de souveraineté, on reconnaît que ce principe d'autorité a été essentiellement favorable à la stabilité de nos institutions et à leur développement régulier et pacifique.

On rencontre, il est vrai, la féodalité dans les premiers jours de cette épreuve; mais il est essentiel de faire observer ici que le régime de la féodalité n'a pas été écrit par le vieux droit dans la constitution française. Ce régime, si détesté et si mal jugé de nos jours, a été un progrès aussi réel que méconnu, un progrès de la législation politique, et, pour lui donner son véritable nom, une première et inévitable transformation de l'esclavage païen. Afin de conduire à un état de liberté des hommes longtemps et brutalement asservis, une transition était nécessaire; et, si on remarque les difficultés qu'il faut surmonter aujourd'hui pour détruire l'esclavage, seulement sur quelques points et à une époque de civilisation très-avancée, on comprendra sans peine qu'une institution transitoire était nécessaire pour conduire les peuples de l'esclavage ancien à la liberté moderne. La féodalité a été cette heureuse transition. On peut regretter qu'elle n'ait pas été plus rapide; mais si elle s'est prolongée au delà du terme nécessaire à l'accomplissement de sa mission, on ne peut pas en accuser la monarchie. Cette vérité, du moins, est constatée aujourd'hui par les travaux historiques des écrivains les plus célèbres.

Si la souveraineté du droit a laissé quelque accès aux abus du pouvoir, elle lui a donné, en revanche, plus d'autorité pour le bien. Si nous avons eu à déplorer les guerres civiles et religieuses du seizième et du dix-septième siècle, ce n'est pas au principe du vieux droit qu'il faut s'en prendre, mais à la réforme, qui a été une première intervention de la souveraineté de la raison, c'est-à-dire du droit de souveraineté révolutionnaire dans l'or-

dre religieux ; cependant telle a été l'heureuse in-
fluence du vieux droit, qu'on rencontre, dans les
grandes crises monarchiques suscitées par le prin-
cipe qui devait révolutionner le monde, des inspi-
rations religieuses et patriotiques qui répandent sur
ces jours d'orages et de ténèbres de consolantes
lueurs. En définitive, l'histoire impartiale atteste
que les malheurs de nos pères ont été rachetés
par le bien qu'ils ont recueilli de la souveraineté
du droit; et, quelle que soit aujourd'hui la di-
versité des opinions politiques, un esprit indépen-
dant doit reconnaître que ce vieux droit, malgré
les imperfections dont aucune institution humaine
n'est exempte, a été pour la France une autorité
tutélaire sous l'empire de laquelle s'est développée
la supériorité de notre génie national, et s'est
constituée l'incomparable unité de notre territoire.

Si l'on considère à son tour l'épreuve du nou-
veau droit, de la souveraineté illimitée du peuple,
on sera fondé, quelles que soient les réserves qu'on
puisse faire pour l'avenir, à la déplorer amère-
ment dans le passé. Il existe encore parmi nous

des témoins nombreux des bouleversements qui se sont succédé sous l'empire de ce droit ; ils ont raconté souvent les drames sanglants qui se sont emparés de nos places publiques comme d'un théâtre, et les coups d'État populaires qui ont décimé tour à tour les partis et fait au cœur du pays d'incurables blessures. Inutiles rigueurs destinées à soutenir un moment des institutions condamnées d'avance à succomber elles-mêmes victimes de leur impuissante et aveugle tyrannie.

Il résulte de ces faits, trop connus pour qu'il soit besoin de les rappeler ici, que l'épreuve du nouveau droit a coûté à la France, en un demi-siècle, plus de larmes et de misères que ne lui en avait coûté l'épreuve du vieux droit pendant le cours de huit siècles ; et cependant le droit nouveau a eu la bonne fortune d'être mis à l'épreuve sous l'influence d'une civilisation avancée, après la découverte de l'imprimerie, après les grands travaux intellectuels du siècle de Louis XIV, après l'institution régulière d'une législation civile et criminelle, et l'institution non moins précieuse du droit public européen ; en un mot, lorsque l'ordre social et politique avait accompli leurs plus glorieuses conquêtes. Le vieux droit, au contraire, a eu le désavantage de traverser les âges les plus barbares de la civilisation ; il s'est trouvé en présence d'une société pour ainsi dire informe ; il a dû assister à des luttes séculaires contre les traditions invétérées de la barbarie, et contre les traditions du paganisme. Pour comprendre combien cette différence des temps a été défavorable à l'épreuve du vieux droit, il suffit de se reporter à ces jours de transformation et de renouvellement social ; il suffit de se demander ce qui serait arrivé, si on avait connu à cette époque la souveraineté du peuple sans limites, dont la puissance de nos lumières et le progrès de nos mœurs n'ont pas pu modérer les excès.

On vante quelquefois les progrès que la civilisation a faits sous l'empire du nouveau droit de souveraineté ; sans vouloir contester d'une manière absolue ce qu'on est convenu d'appeler les conquêtes de la révolution, il est bien permis de dire

que l'esprit de liberté illimitée a eu ses méprises
en matière politique comme en matière d'ordre so-
cial et religieux, et qu'il est arrivé que la plupart
des décrets qu'on regarde comme des œuvres de
liberté, ont été en même temps des actes de des-
potisme : l'abolition des corporations n'en est-elle
pas une preuve? Il y avait lieu sans doute de les mo-
difier, mais il ne fallait pas oublier qu'elles avaient
été un rempart contre le développement de la cen-
tralisation et de l'autorité des fonctionnaires pu-
blics. En les détruisant, la révolution a achevé
l'œuvre imprudemment commencée par Frédéric II,
Joseph II, Catherine, et les derniers rois de France
contre la liberté des corporations, et frayé le che-
min au despotisme moderne; tout avait été divisé
comme pour préparer le règne de la bureaucra-
tie et établir sa toute-puissance à tous les degrés
de l'administration publique. On avait cru établir
la liberté du travail; on avait élevé une tyrannie
nouvelle sur tous les intérêts. D'un autre côté,
les progrès réalisés depuis cinquante ans dans les
pays où le principe de la souveraineté illimitée

du peuple n'a pas été proclamée, attestent que la
révolution n'était pas nécessaire pour obtenir ce
qu'on lui attribue trop exclusivement; il est même
permis de dire que son intervention violente nous
a fait acheter les progrès accomplis chez nous par
des sacrifices que le maintien du vieux droit nous
aurait épargnés. La statistique de nos révolutions
a établi, à ce sujet, des chiffres que toutes les subti-
lités de langage ne sauraient réfuter.

Si l'on compare maintenant ce qui forme le ca-
ractère distinctif des deux droits de souveraineté,
on remarquera facilement que le vieux droit se dis-
tingue surtout par la nature spéciale de son ac-
tion constituante. Le vieux droit ne se fait pas
législateur, à un jour donné, pour bouleverser les
lois fondamentales dans leur ensemble; il est légis-
lateur en permanence; il consacre les actes suc-
cessifs de la tradition nationale; il se conforme à
la doctrine exprimée par tous les publicistes célè-
bres sur la mission du pouvoir constituant; il est
d'accord avec de Maistre et Portalis dans ces pa-
roles : « Les législateurs n'inventent pas les lois, ils

« les écrivent. » Avec Sismondi dans cette proposi-
tion : « Les peuples existent, ils ont une consti-
« tution dans l'acception la plus large de ce mot;
« le législateur doit travailler avec la lime et non
« avec la hache. »

Mais ce qui distingue éminemment le vieux
droit, ce qui lui a donné une puissance séculaire,
c'est l'origine sainte et supérieure qu'il reconnaît à
l'autorité; et c'est ici le lieu d'expliquer cette ori-
gine, ce droit divin, pour l'appeler de son vrai
nom, dont les esprits forts ont toujours méconnu la
la portée ou dénaturé le caractère.

Le droit divin n'est pas, comme on l'a souvent
répété, un droit qui appartienne exclusivement aux
monarchies; il peut aussi appartenir aux républi-
ques; car le droit divin de l'autorité a été formulé
dans les saintes Écritures pour toutes les autorités
sans exception. Tout pouvoir vient de Dieu, a dit
la révélation : *Non est potestas nisi a Deo;* ce qui
ne veut pas dire que Dieu choisit lui-même les
chefs des nations, comme il avait choisi quelque-
fois les chefs des Hébreux , mais que le pouvoir,

sous ses formes diverses, est une institution conforme aux desseins de la Providence. C'est pourquoi nous lisons aussi dans les saintes Écritures ces paroles : « Soyez soumis à cause de Dieu, soit à « un roi, comme au plus digne, soit à des chefs, « comme s'ils étaient envoyés de Dieu. » *Subditi estote propter Deum, sive regi quasi præcellenti, sive ducibus tanquam* A DEO MISSIS.

Le pouvoir de faire des lois et de rendre la justice est également un droit divin, formulé à côté du droit de gouverner dans cet autre passage des Écritures : « C'est par moi que règnent les rois et « que les législateurs font des lois justes, c'est par « moi que les princes commandent et que les puis- « sants rendent la justice. » *Per me reges regnant, et legum conditores justa decernunt; per me principes imperant, et potentes decernunt justitiam.*

Voilà, dans toute sa portée, le droit divin reconnu par nos pères, droit protecteur des pouvoirs établis et non moins protecteur de la liberté des peuples; car, en fortifiant l'autorité, il ennoblissait la soumission, il justifiait et légitimait le pouvoir donné sur des hommes à d'autres hommes soumis aux mêmes imperfections, sortis du même néant, et appelés à la même espérance.

Ainsi, au point de vue même de la dignité de l'homme, les philosophes qui ont attaqué le droit divin n'ont pas su ce qu'ils faisaient. Plus l'origine du pouvoir est élevée, plus le joug est léger, plus l'obéissance est facile; plus l'origine du pouvoir s'abaisse, plus le joug est pesant, plus l'obéissance est rebelle ; si l'orgueil n'entend pas ainsi la dignité humaine, la fierté est plus intelligente; et, tandis que l'orgueil se trouve à l'aise sous un président de république, la fierté aime toujours mieux se soumettre à une vieille et glorieuse race de rois.

Si nous approfondissons maintenant ce qui caractérise le nouveau droit; si nous cherchons la cause de son instabilité et de sa faiblesse, nous la trouvons surtout dans la téméraire prétention de formuler une constitution d'un seul jet, à la manière du fondeur qui coule une statue de bronze. Le nouveau droit agit comme si la soumission des siècles précé-

dents avait été une abdication de l'intelligence, et
comme si le siècle actuel avait reçu en naissant le
monopole de la science politique. Il y a dans cette
prétention un mépris si insolent du passé, un déni
de justice si outrageant pour tout ce qui a été
grand et honorable, une ambition si aveugle de
dominer le présent et l'avenir, que jamais il n'a été
donné à la souveraineté révolutionnaire de fonder
une œuvre respectée et durable.

On peut comprendre l'établissement d'un contrat
politique entièrement nouveau, sans rapport avec
le passé, dans un pays où il n'a pas existé un contrat
politique antérieur, si ce n'est un contrat exception-
nel, transitoire et imposé du dehors, comme cela
s'est vu aux États-Unis d'Amérique; encore faut-il
attendre les résultats définitifs de l'épreuve du Nou-
veau Monde avant de se prononcer avec certitude.
Mais dans un pays qui a possédé une constitution
éminemment nationale et traditionnelle, cette cons-
titution doit nécessairement tenir au sol, elle ne
peut en être arrachée sans violence, et les insti-
tutions nouvelles, qu'on veut élever sur ce terrain

ébranlé et déchiré, doivent s'y engloutir sans cesse. C'est ainsi que s'explique la chute de toutes les constitutions formulées *à priori* depuis 1793, en dépit des adhésions successives d'un suffrage universel, qui semblait devoir élargir et consolider leur base.

On a pu commander quelquefois l'obéissance, en s'appuyant sur le concours précaire de la force et sur le prestige inconstant de la gloire; mais aussitôt que ces fondements fragiles ont fait défaut, la soumission a paru blessante, et l'insurrection est venue renverser les constitutions issues du droit illimité de la révolution, plus rapidement encore qu'elle n'avait détruit les constitutions émanées du droit divin et traditionnel.

La souveraineté du peuple peut nier le droit d'insurrection lorsqu'il est vaincu, elle peut l'appeler sacrilége. Chacun peut se rappeler que ce nom a été donné aux insurrections du 13 vendémiaire, du 18 fructidor, et à celles des 5 et 6 juin 1832, 23 juin 1848 et 13 juin 1849; car le mois de juin est toujours fatal aux insurrections; mais les insurrections victorieuses du 10 août, du 30 juillet et du 24 février ont été déclarées légitimes ; toutes les inviolabilités de la veille ont été déclarées légalement violées, et toutes les limites imposées à la souveraineté du peuple, proclamées caduques et non avenues. Si bien que, depuis un demi-siècle, les législateurs de la souveraineté illimitée du peuple nous apparaissent détruisant sans interruption leurs œuvres inachevées, et délayant toujours le ciment, qui assemble les pierres de leurs édifices, dans le sang même des ouvriers qui les construisent.

Par malheur, cette constante instabilité des institutions, et cette évidente impuissance d'établir l'ordre politique dans l'État, ne sont pas encore les conséquences les plus funestes du droit illimité de la souveraineté du peuple. Il reste encore à signaler un désordre plus affreux et plus irréparable ; un désordre que la première révolution nous avait révélé, et que la seconde étale plus ouvertement sous nos yeux. Il faut bien le reconnaître, du droit illimité de trancher toutes les questions qui intéressent la vie d'un peuple, du droit de bouleverser les lois sociales aussi bien que les lois politiques, en un mot, de ce droit absolu et indéfini au socialisme, il n'y a qu'un pas ; car ce droit est le principe générateur de la révolution sociale. Si Babeuf a échoué devant une réaction formidable, s'il a porté sa tête sur l'échafaud, le socialisme est resté attaché au droit illimité de la souveraineté du peuple ; et le jour où cette souveraineté a reparu, le socialisme a demandé à en être la conséquence légitime et immédiate. On peut se roidir contre les arrêts de la logique, on peut les suspendre par d'héroïques efforts ; mais, tant que la souveraineté illimitée sera debout, le socialisme intriguera toujours pour obtenir un décret d'avénement.

Les constituants de 1848 ont voulu imposer une limite de temps au droit illimité de la souveraineté du peuple ; ils ont, à l'exemple de leurs prédécesseurs, nié le droit dont ils s'étaient servis, et ils ont par là rendu un hommage involontaire au principe de la souveraineté du droit. Cette nouvelle inconséquence sera-t-elle plus heureuse que les premières ? L'avenir seul peut le dire ; ce qui reste certain, c'est que le droit illimité a été proclamé et mis en pratique, c'est qu'il faut reconnaître aujourd'hui son omnipotence, quelque périlleuse, quelque absurde qu'elle paraisse, sous peine de déclarer que toutes les insurrections victorieuses, depuis un demi-siècle, et notamment celles du 10 août, du 30 juillet et du 24 février, sont aussi criminelles que les insurrections du 13 vendémiaire et du 23 juin 1848, c'est-à-dire, sous peine de reconnaître la souveraineté du droit.

On peut discuter à perte de vue, on n'échappera pas à cette alternative. Entre la souveraineté de la force et la souveraineté du droit, il n'y a pas de terme moyen.

VI.

FORMES POLITIQUES. — RÉPUBLIQUE
ET MONARCHIE.

Principe électif, principe héréditaire. — Intervention du principe héré-
ditaire dans les républiques du moyen âge. — Il garantit le progrès
de la civilisation dans les républiques comme dans les monarchies. —
Solidarité de l'hérédité civile et politique.

Le pouvoir constituant traditionnel nous avait
donné une monarchie représentative ; le pouvoir
constituant révolutionnaire nous a donné plusieurs
républiques et plusieurs monarchies.

Les unes et les autres ont inspiré tour à tour des
dévouements qui se sont élevés jusqu'à l'héroïsme.

Y aurait-il eu quelques méprises dans ces sublimes entraînements? Il est permis de le croire. Il est même à craindre qu'elles ne se renouvellent encore plus d'une fois. Il est donc utile de donner ici une courte explication sur la portée de ces deux mots.

République, *respublica*, a longtemps signifié chez nous la chose publique. La monarchie française elle-même a été appelée république. Montesquieu est venu donner un sens plus précis à cette expression, lorsqu'il a dit : « Le gouvernement républicain est celui où le peuple en corps, ou seulement une partie du peuple, a la souveraine puissance. » L'usage a confirmé et complété cette définition, de telle sorte que l'on entend aujourd'hui, par république, le gouvernement dans lequel le pouvoir est constitué périodiquement et par l'élection. En d'autres termes, République signifie : Établissement d'un pouvoir élu à terme.

Monarchie veut dire, littéralement, Pouvoir d'un seul; mais l'usage a décidé, depuis longtemps, que le gouvernement monarchique était celui dans le-

quel le pouvoir se transmettait à un seul par l'hé-
rédité. En d'autres termes, Monarchie signifie :
Établissement d'un pouvoir unique et héréditaire.

Les mots *république* et *monarchie* ne représen-
tent donc pas, comme on le dit à tort, l'idée d'un
gouvernement représentatif ou absolu; n'avons-
nous pas vu des républiques absolues et des mo-
narchies représentatives?

République veut dire principe électif, et monar-
chie principe héréditaire; rien de plus, rien de
moins.

Les républicains eux-mêmes, quand ils parlent
de monarchie, ne l'entendent pas autrement; c'est
le principe d'hérédité du pouvoir qu'ils attaquent,
quelles que soient d'ailleurs les institutions dont
il est entouré; c'est pourquoi, à leurs yeux, la plus
mauvaise république vaut mieux que la meilleure
des monarchies. Or, s'il est permis de dépouiller
ainsi le principe héréditaire de tout ce qui ne s'y
rattache pas directement, et de l'isoler complète-
ment pour le juger, il doit être également permis
de séparer le principe électif des institutions qui

pourraient l'accompagner, et de l'isoler à son tour. Cette distinction est d'ailleurs conforme à la réalité des faits; car nous voyons que toutes les libertés publiques se sont établies également sous le principe héréditaire et sous le principe électif. L'égalité devant la loi, et l'admission de tous aux emplois publics, ont été écrites dans les chartes monarchiques comme dans les chartes républicaines. Le suffrage universel lui-même a existé, sous le principe héréditaire, dans toute l'étendue compatible avec l'état social existant.

Il n'y a donc aucun motif sérieux de discuter ici les questions de gouvernement représentatif ou absolu, et de se préoccuper des avantages qui peuvent se rencontrer également sous le principe monarchique et sous le principe républicain; ces questions viendront plus tard. Ce qu'il faut examiner avant tout, ce sont les conséquences directes et immédiates de ces deux principes.

Ramené à ces termes simples et vrais, le débat entre la république et la monarchie devient plus facile à juger.

Les conséquences directes du système républicain ne peuvent être appréciées dans l'histoire des
républiques anciennes. Notre état social et politique est si différent de l'état social et politique du
monde païen, qu'il n'y a de ce côté aucun enseignement à recueillir. Que pourrions-nous avoir de
commun avec les républiques où Platon et Aristote voulaient que la terre fût cultivée par des esclaves, où l'agriculture était une profession si vile
que Lacédémone l'imposait aux Ilotes, la Crète aux
Periéciens et la Thessalie aux Périestes ; avec des
républiques où le commerce était un métier si infâme, que des peines sévères étaient infligées aux
citoyens qui osaient s'y livrer?

Les États-Unis d'Amérique eux-mêmes, quoique
plus rapprochés de nous, se trouvent, par leur position géographique, par le maintien de l'esclavage, et par les considérations qui trouveront
plus loin leur véritable place, dans une position
tellement exceptionnelle, qu'il serait impossible
d'en tirer une conséquence d'une application générale.

Les républiques suisses pourraient plutôt offrir un élément d'étude ; mais leur sphère est si étroite, qu'elles ressemblent moins à des États qu'à des municipalités ; il faut donc chercher ailleurs des leçons qui puissent intéresser la France.

Les premières républiques qui se présentent dans l'histoire, comme objet de comparaison, sont les grandes républiques européennes du moyen âge : celles de Florence, de Gênes et de Venise, par exemple, où le pouvoir était électif. Or, dans ces républiques, le principe électif apparaît comme un élément de trouble, une source intarissable de factions ennemies. La république florentine succombe bientôt à ces déchirements. L'ère franchement élective de la république de Venise n'offre elle-même qu'une suite non interrompue de discordes civiles ; l'élection des magistrats est toujours une occasion de luttes sanglantes, dans lesquelles tous les chefs de la république, pendant plusieurs siècles, périssent de mort violente. C'est en constituant un principe héréditaire à côté du principe électif, pour en modérer les emportements ; c'est en créant une puissante aristocratie, que Venise est parvenue à s'abriter contre ces convulsions intérieures, et à former des hommes d'État dont la supériorité lui a assuré un si grand ascendant en Europe et en Asie. Enfin, c'est à cette même source que les institutions civiles de cette république ont puisé la stabilité, à l'ombre de laquelle son commerce et son industrie ont pu s'assurer d'un monopole de plusieurs siècles.

Le plus grand fait qui se soit produit dans l'histoire des grandes républiques du moyen âge, c'est donc l'établissement d'un principe héréditaire à côté du principe électif, comme pour prouver que celui-ci ne pouvait exister sans le secours d'un puissant modérateur.

La république française de 93 n'a pas voulu de cette garantie ; elle a écarté résolument de sa constitution jusqu'à l'ombre d'un principe héréditaire, et s'est exposée sans défense à toutes les conséquences du principe électif. On sait quel a été le résultat de cette épreuve, et de quel prix nous avons payé

l'intronisation d'un principe électif sans contre-
poids. On peut différer d'opinion sur les consé-
quences de l'épreuve nouvelle que les circonstances
nous ont imposée; mais, sans discuter les espé-
rances qu'on nous a données pour l'avenir, il est
permis de constater que la première épreuve du prin-
cipe électif a été aussi fatale en réalité qu'elle avait
été séduisante en théorie; que la liberté y a toujours
abouti à la licence, et le pouvoir à la dictature;
qu'en un mot, la république n'a été jusqu'à ce
jour, en France, qu'une forme légale de l'anarchie
ou du despotisme.

La conséquence directe de la monarchie, c'est-
à-dire du principe héréditaire, frappe au premier
aspect l'attention de l'homme d'État : c'est la sta-
bilité que ce principe donne aux institutions d'un
peuple, et on vient de voir que les républiques
elles-mêmes n'avaient pu assurer leur durée qu'en
faisant appel au concours d'un principe hérédi-
taire.

Il y a des politiques qui prétendent que cette puis-
sance de stabilité est chimérique, et ils appuient

cette opinion sur les chutes réitérées de la monarchie.
Il est évident que les institutions humaines ne sont
pas immuables; il n'y a que les institutions divines
qui aient ce privilége. Mais la chute de plusieurs
monarchies n'empêche pas que le principe hérédi-
taire ne porte en lui toute la stabilité dont les ins-
titutions politiques sont susceptibles. Consultez
plutôt la durée moyenne des monarchies euro-
péennes : vous n'en trouverez pas une qui ne date
de plusieurs siècles. Cette stabilité séculaire des
institutions politiques est évidemment au-dessus
de toute discussion; cependant ce n'est pas le
seul bienfait attaché au principe héréditaire : on
lui doit une stabilité non moins féconde pour le
bonheur des peuples, on lui doit cette confiance
dans l'avenir qui ouvre à l'activité du commerce,
de l'industrie et des arts des horizons infinis, et fait
couler sans interruption toutes les sources de la
prospérité nationale.

Ce glorieux apanage du principe héréditaire
s'explique d'ailleurs par une considération digne
de l'attention des législateurs, par l'heureuse har-

monie de ce principe avec la loi naturelle la plus universelle et la plus imprescriptible. La loi commune de tous les êtres, c'est l'hérédité : l'homme naît de l'homme, la vie hérite de la vie, il n'y a pas de solution de continuité entre les générations humaines depuis l'origine du monde ; ces générations sont les anneaux d'une chaîne qui ne se brise jamais ; elles se transmettent indéfiniment leur intelligence acquise, leurs notions des choses, leurs lois et leurs idées :

Vitæ sibi lampada tradunt.

Tous les trésors de la civilisation, que sont-ils ? un héritage ! L'imprimerie ? un héritage ! La boussole ? un héritage ! La vapeur, que sera-t-elle demain ? un héritage pour la génération qui nous suit. Oui, l'hérédité est la loi la plus universelle et la plus féconde pour l'humanité, et c'est l'heureuse affinité du principe héréditaire politique avec la loi de l'hérédité naturelle qui assure à la monarchie les avantages que l'expérience a reconnus.

Au reste, les principes de l'hérédité naturelle et

de l'hérédité politique sont tellement solidaires, depuis cinquante ans, que partout où le principe héréditaire politique a complétement disparu, on en est venu bientôt à contester l'hérédité civile, qui est dans l'ordre social la formule de l'hérédité naturelle.

Il serait superflu d'insister plus longtemps sur les conséquences directes du principe électif et du principe héréditaire; ce qui vient d'être dit suffit pour démontrer que le premier n'a jamais pu exister sans l'appui du second, et que les législateurs ont toujours cherché la stabilité des républiques dans le concours des institutions monarchiques. Il est temps d'apprécier les institutions qui peuvent également se rattacher à la république ou à la monarchie.

VII.

DU POUVOIR ABSOLU ET DE LA LIBERTÉ POLITIQUE.

Rapport nécessaire entre la liberté et la civilisation. — La dignité de l'homme désintéressée dans la question.— La meilleure sauvegarde de la liberté, c'est la monarchie.

———

Il serait superflu de rechercher ici toutes les combinaisons législatives que le génie moins heureux que fécond des législateurs a inventées pour constituer un système de pouvoir représentatif, ou un système de pouvoir autocratique. Toutes les formules de droit politique à cet égard peuvent se réduire à deux termes généraux.

Il n'y a, en réalité, que deux systèmes bien tranchés de gouvernement : le système qui refuse au peuple l'exercice des droits politiques, et le système qui lui accorde tout ou partie de ces droits; le régime du pouvoir absolu et le régime de la liberté politique. Telles sont les deux synthèses qui embrassent toutes les combinaisons possibles de gouvernement. Il va sans dire qu'il n'est pas ici question du pouvoir absolu dans le sens qu'on lui donne quelquefois; on ne discute pas la tyrannie et l'arbitraire, qui sont toujours exécrables : le pouvoir absolu, qui fait les lois, doit en même temps les respecter. Il faut dire à tous les pouvoirs avec Sully : La première loi des dominations légitimes est l'obéissance volontaire des sujets à leurs rois, et celle de l'absolue déférence des rois aux statuts et ordonnances des états qu'ils ont jurés en prenant possession d'iceux (1).

Posée dans ces termes précis et extrêmes, la

______

(1) *Mémoires de Sully*, pag. 1.

question du pouvoir absolu et de la liberté poli-
tique devient facile à résoudre; on peut la réduire
à une simple question d'opportunité.

Chez un peuple où la civilisation commence à
pénétrer, le pouvoir absolu peut être nécessaire; il
est à ce peuple ce que l'autorité paternelle est à des
enfants mineurs incapables de se gouverner. Chez
un peuple civilisé, au contraire, la liberté politique
est nécessaire : c'est l'émancipation de l'autorité
paternelle accordée à des enfants que l'âge, l'édu-
cation et l'intelligence ont rendus dignes de la li-
berté. Après tout, rien n'est plus vulgaire que cette
vérité; elle est proclamée tous les jours par les
hommes les plus sincèrement dévoués à la liberté,
lorsqu'ils disent que tel ou tel peuple n'est pas mûr
pour telle institution.

Le pouvoir absolu n'est donc pas en lui-même une
usurpation criminelle, ainsi qu'on le répète légère-
ment; mais il peut être juste ou injuste, selon l'ap-
plication qui en est faite. Le développement de la
liberté politique n'est pas non plus en tout temps un
bienfait, mais seulement dans le cas où il corres-

pond au développement de l'éducation d'un peuple.

Les philosophes du xviiiᵉ siècle sont parvenus à compliquer cette question, en faisant intervenir dans le débat l'intérêt de la dignité humaine; c'est comme s'ils avaient dit que l'autorité d'un père de famille sur des enfants mineurs peut offenser l'indépendance de l'esprit humain. Il est vrai que cette autorité est quelquefois mise en question par des enfants mal élevés, mais ce .n'est pas apparemment dans ces étranges prétentions que le législateur doit chercher un exemple.

Au reste, sur le terrain des philosophes du dix-huitième siècle, la discussion a toujours été interminable et elle le sera toujours, parce que la question est mal posée. Les institutions politiques ne peuvent pas être un objet de satisfaction pour les besoins de notre esprit, elles ont un but plus élevé : elles doivent avant tout assurer l'harmonie entre es membres du corps politique. C'est ainsi que la question a été posée par l'apologue célèbre du mont Aventin. La passion de la liberté politique peut être noble entre toutes les passions; mais après tout, c'est une passion ; la mission du législateur n'est pas de la satisfaire, mais de la régler selon les nécessités des temps. En politique, il est également insensé de dire : *Tout* par le peuple, et *Rien* par le peuple. La liberté doit marcher du même pas que la civilisation, sans jamais la devancer ni se laisser devancer par elle. Là est le problème à résoudre, là est la véritable difficulté. Comment apprécier exactement le degré de civilisation auquel un peuple est arrivé ? Comment le suivre dans le développement de son intelligence et de son éducation ? A quels signes peut-on reconnaître qu'il a acquis de justes notions de ses droits et de ses devoirs ? Évidemment, la tâche est difficile ; le législateur le plus intelligent sera toujours embarrassé quand il s'agira d'établir, s'il est permis de s'exprimer ainsi, une équation mathématique entre les institutions et la civilisation d'un peuple. Il pourra toujours craindre d'aller au delà ou de rester en deçà de la vérité ! C'est pourquoi la liberté présente toujours un danger à côté d'un bienfait ; c'est pourquoi elle a souvent

été repoussée par des esprits sérieux ; c'est pour-
quoi, plus souvent encore, et surtout dans ces
derniers temps, elle a apporté tant de déceptions à
ses amis les plus sincères.

Cependant la crainte des périls qui l'environnent
ne doit pas nous entraîner à abandonner sa cause ;
le divorce avec la liberté a aussi ses périls : on
n'enraye pas l'opinion publique comme on enraye
le développement d'une législation ; on donne aux
agitateurs des prétextes spécieux pour soulever
les passions, et on prépare des explosions qui ne
laissent pas subsister un seul débris de l'édifice
qu'on avait voulu conserver intact.

Mais comment choisir une voie sûre entre ces
deux écueils ? Existe-t-il un moyen d'échapper aux
erreurs d'un système mal calculé de progrès ou de
résistance ? Malheureusement, non ; le juste-milieu
est une chimère, nous en connaissons une écla-
tante épreuve. Le salut n'est pas là ; il est dans
l'établissement d'une forme de gouvernement assez
robuste pour résister aux développements préma-
turés de la liberté politique, et, pour le dire fran-

chement, il est dans la question de savoir s'il faut
mettre la liberté politique sous la garde de la ré-
publique ou sous celle de la monarchie.

La république, c'est-à-dire le principe électif,
peut-il offrir à cet égard quelque sécurité? Non!
car il est lui-même mis en péril par le développe-
ment excessif qu'il donne à la liberté. Ce résultat
n'est plus une simple hypothèse : la révolution
nous a donné des exemples assez multipliés pour
convaincre les plus incrédules.

Montesquieu a dit que la vertu était le principe
du gouvernement républicain, et l'on a souvent
répété ces paroles, mais on ne leur a pas donné
leur véritable sens. Montesquieu pensait que la
vertu était nécessaire à un tel gouvernement, parce
que moins le pouvoir du peuple est limité par les
lois, plus il est nécessaire qu'il soit limité par la
seule force qui puisse suppléer à celle des lois,
par la force de la vertu. Il termine d'ailleurs le
livre qui traite de la république et de la monar-
chie par cette réflexion : « Tout ceci ne signifie
« pas que, dans une certaine république, on soit

« vertueux ; mais qu'*on devrait l'être*, sans quoi
« le gouvernement sera imparfait (1). » Cette con-
clusion est pleine de vérité ; sous la forme ré-
publicaine le développement des libertés est un
danger qu'aucune institution ne peut contre-balan-
cer, la vertu seule peut opérer ce miracle.

La monarchie, c'est-à-dire le principe hérédi-
taire, a moins à redouter les méprises du législa-
teur dans le développement de la liberté politique ;
ses écarts et ses inconséquences seront toujours
réprimés par le principe auquel il ne lui est pas
permis de toucher ; il arrivera peut-être que des
jours d'orage viendront jeter le trouble dans l'É-
tat, mais l'édifice ébranlé un moment restera tou-
jours debout sur sa base.

Voulez-vous le témoignage incontestable de cette
vérité ?

Ouvrez l'histoire, et vous verrez comment la
république, en précipitant le triomphe complet de
la liberté, a toujours été son tombeau. Il y avait

(1) Voyez Montesquieu. *Esprit des lois*, liv. III, chap. 11.

à peine dix ans que les Romains avaient aboli la royauté, qu'ils étaient obligés de créer, sous le nom de dictateur, un roi plus absolu que ceux qu'ils avaient chassés ; et, en moins de deux siècles, la maîtresse du monde a été plus de deux cents fois soumise à des dictateurs. A Venise, les inquisiteurs d'État devinrent en peu de temps la plus illimitée et la plus formidable des dictatures. La république de 1793 a presque toujours été dominée par un despotisme tout-puissant : les coups d'État se sont succédé sans interruption, sous la Convention et le Directoire; le pouvoir était toujours absolu sous des formes diverses de république; le 18 brumaire n'a été lui-même qu'un dernier effet de cette dictature permanente, et l'on n'a eu que les noms à changer pour arriver à l'empire. Enfin, la république de 1848 compte déjà plus de jours d'état de siége que de jours d'indépendance, tant il est vrai que la liberté porte toujours plus d'ombrages à un gouvernement républicain qu'elle ne peut en porter à un pouvoir monarchique.

A la question posée plus haut, on peut donc répondre avec certitude : C'est l'état de civilisation d'un peuple qui seul rend la liberté nécessaire, c'est à l'échelle de ses connaissances qu'il faut la mesurer, et, pour conjurer les périls inévitables d'un développement excessif de la liberté, la monarchie sera toujours une meilleure sauvegarde que la république.

VIII.

ARISTOCRATIE, DÉMOCRATIE.

L'aristocratie à Venise, en France et en Angleterre. — La démocratie à
Athènes, à Rome et aux États-Unis. — Aristocratie de la liberté et de
la couleur.— Démocratie moderne.— Opinion de l'abbé de Lamennais.
— Souveraineté de la raison. Préface du communisme.

———

Les questions d'aristocratie et de démocratie ont
été effleurées dans les chapitres précédents ; il con-
viendrait de les étudier plus particulièrement.

L'esprit révolutionnaire, qui a dénaturé et ca-
lomnié tant de choses, a prêté à l'aristocratie un
but odieux qu'il serait injuste d'admettre. Les
hommes sérieux ont toujours considéré l'aristocratie

comme l'institution d'un corps politique ayant une mission d'intérêt public, et particulièrement adonné au service de l'État, c'est-à-dire, d'un corps étranger aux professions qui absorbent l'activité et l'intelligence dans un but d'intérêt privé, et voué, au contraire, aux occupations qui développent les sentiments d'abnégation et de patriotisme. Nous trouvons ce caractère politique, sous des formes diverses, dans le patriciat vénitien, dans l'ordre de la noblesse en France, et dans l'institution de la pairie anglaise.

On a pu apprécier, plus haut, les services rendus par les institutions aristocratiques et par la seule puissance de leur principe héréditaire, aux républiques de Rome, de Gênes et de Venise; mais c'est surtout le dévouement de ces grands corps politiques à tous les besoins de l'État, qu'il importe de rappeler. Le patriciat vénitien en particulier a offert, sous ce rapport, le modèle d'une véritable aristocratie. Il ne s'est pas présenté un acte d'héroïsme guerrier, pas une œuvre de vertu chrétienne, pas un sacrifice de la vie ou de la for-

tune que l'aristocratie vénitienne n'ait revendiqué
l'honneur d'accomplir. Son histoire est celle des
plus beaux temps de la république, des guerres
les plus glorieuses, des entreprises commerciales
les plus hardies, des traités de paix les plus hono-
rables, des négociations diplomatiques les plus ha-
bilement dirigées.

Si nous portons nos regards vers la France, nous y
trouvons également un corps de familles dévouées
héréditairement au service de l'État dans les deux
seules professions publiques et politiques, la jus-
tice et les armes. Nous voyons l'aristocratie fran-
çaise garder le dépôt fidèle des lois civiles et
politiques dans la magistrature, et s'immoler sur
tous les champs de bataille à l'honneur et à l'indé-
pendance de la patrie.

Toujours désintéressée, toujours disponible pour
les grands services publics, l'aristocratie a résumé
elle-même sa mission dans ce proverbe célèbre :
« Noblesse oblige. » On a souvent reproché à l'aris-
tocratie de n'avoir pas payé d'impôt ; mais on n'a
pas fait attention qu'elle était peu appointée dans

le service militaire, et pas du tout dans le service
ludiciaire ; Montesquieu a déjà remarqué que la
noblesse servait l'État, en temps de paix, avec le
revenu de son bien, et, en temps de guerre, avec
le capital, de telle sorte qu'elle a supporté, pen-
dant plusieurs siècles, tous les frais des guerres
nationales, et soldé la plus forte part du budget,
celle qui, depuis la révolution, a coûté plusieurs
milliards au pays.

Le dernier acte de la noblesse française, dans la
nuit célèbre du 4 août, a été un acte d'abnégation
et de dévouement personnel accompli dans l'espoir
de rétablir l'union dans la grande famille française.
Si cet holocauste volontaire n'a pas porté d'heu-
reux fruits, il faut s'en prendre à ceux qui ont eu
l'ingratitude de dédaigner un gage de réconciliation
après avoir eu l'imprévoyance de le demander.

L'ingratitude est si évidente, qu'il n'est pas be-
soin de la démontrer ; quant à l'imprévoyance, il
est difficile de ne pas reconnaître aujourd'hui que
le sacrifice du 4 août ne pouvait être que ce qu'il
a été, c'est-à-dire, le prélude de nouveaux et inu-

tiles sacrifices. Mais écartons ces souvenirs, que les traces récentes de nos discordes civiles ne permettent pas encore de juger avec une entière impartialité, et portons notre attention sur d'autres faits qui se passent en ce moment même sous nos yeux et à nos portes.

En Angleterre, où l'orgueil des philosophes du dix-huitième siècle n'a pas pénétré, et où il n'a pas fait des institutions aristocratiques une question de vanité blessée pour les uns et de vanité insolente pour les autres; en Angleterre, l'aristocratie a conservé toute la puissance et toute la fécondité de son principe. Les vices mêmes qui ont entaché sa naissance, les spoliations et les proscriptions qui ont été l'origine de ses biens, n'ont pu ôter à l'institution politique ses avantages; régénérée par une disponibilité perpétuelle pour le service public et par l'émulation du patriotisme, l'aristocratie anglaise, malgré le petit nombre de ses membres, a toujours donné à la patrie le plus riche contingent en hommes d'État et en grands capitaines. De même que les patriciens de Venise con-

servaient héréditairement, sous des pouvoirs via-
gers, les traditions de l'intérêt et de la gloire de la
république, de même l'aristocratie anglaise, mal-
gré l'inconstance des majorités politiques, perpé-
tue dans la marche du gouvernement les traditions
des intérêts permanents de la monarchie.

Après avoir restitué à l'aristocratie son véritable
caractère, il convient aussi de rendre à la démo-
cratie sa signification réelle, de la distinguer de la
démagogie, qui donne exclusivement à la populace
la suprême autorité. Ce qui caractérise la démocra-
tie moderne, c'est l'admission de tous les citoyens
à l'exercice de l'autorité politique, sans aucune
distinction de naissance, d'éducation ou de ser-
vices rendus. C'est cette démocratie que la consti-
tution de 1793 avait essayé d'établir, et que la
constitution de 1848 vient de proclamer une se-
conde fois souveraine.

Cette organisation de la démocratie, il faut
bien le constater, est nouvelle : jamais l'histoire
n'en avait donné l'exemple. Les républiques an-
ciennes, que nous sommes habitués à prendre

pour des démocraties, étaient fondées sur des bases essentiellement différentes. Si tous les citoyens d'Athènes prenaient part à la direction des affaires publiques, cette prétendue démocratie était une aristocratie véritable, on pourrait l'appeler l'aristocratie de la liberté; car la république athénienne, sur quatre cent cinquante mille habitants, comptait à peine vingt mille citoyens : le reste était esclave, et n'avait pas même droit d'assister aux assemblées du Pnyx. La démocratie était dans la même situation à Lacédémone et dans les autres républiques grecques. Après tout, il importe peu de discuter cet état de choses, car le problème des temps modernes n'est pas de constituer la démocratie dans des bourgades.

A Rome, le pouvoir démocratique était, comme en Grèce, le privilége d'une classe de citoyens; et, malgré cet avantage, la démocratie est tombée sous la dictature des factions, aussitôt que les guerres puniques ont cessé d'occuper leur activité par la menace d'un danger sérieux. Dans la suite, Rome a fait de vaines tentatives pour revenir à la liberté démocratique; elle a pu vaincre ses tyrans, jamais la tyrannie.

Dans des temps plus rapprochés, l'Angleterre a voulu se donner des institutions démocratiques, et Montesquieu a raconté cette entreprise dans des termes qui semblent écrits pour notre époque : « Ce fut un assez beau spectacle, dans le siècle passé, dit l'auteur de l'*Esprit des Lois*, de voir les efforts impuissants des Anglais pour établir parmi eux la démocratie. Comme ceux qui avaient part aux affaires n'avaient point de vertu, que leur ambition était irritée par le succès de celui qui avait le plus osé (Cromwell), que l'esprit d'une faction n'était réprimé que par l'esprit d'une autre, le gouvernement changeait sans cesse; le peuple étonné cherchait la démocratie, et ne la trouvait nulle part. Enfin, après bien des mouvements, des chocs et des secousses, il fallut se reposer dans le gouvernement même que l'on avait proscrit. »

On cite un établissement démocratique plus heureux, et on nous montre avec orgueil la démocratie américaine, le jeu régulier de ses institutions politiques et le progrès de sa civilisation. La république du Nouveau Monde est-elle une démocratie? sa civilisation est-elle un progrès? On peut en douter, et exposer ici, en peu de mots, les motifs sérieux de ce doute.

Il dépendait assurément du fondateur de la république américaine de constituer un pouvoir démocratique sans alliage, mais il ne l'a pas voulu. Les luttes de Washington contre l'esprit démocratique ont occupé une grande partie de sa vie politique; il a toujours compris la nécessité de donner un contre-poids à cette force irrégulière, et c'est dans ce but qu'il a placé le sénat à côté de la chambre des représentants. Telle a été sa persistance à soutenir ce système pondéré, que ses adversaires, et notamment Jefferson, ont osé l'accuser de vouloir rétablir la monarchie.

D'un autre côté, les circonstances ont permis qu'il s'établît aux États-Unis d'Amérique, en face de la démocratie, deux aristocraties nouvelles et formidables, l'aristocratie de la liberté et l'aristocratie de la couleur. L'une, constituée par les lois, absolue et sévère comme l'aristocratie athénienne, et daignant à peine honorer l'esclave du nom d'homme. L'autre, établie par les mœurs d'une manière plus inviolable que si elle reposait sur la loi, et creusant, entre les races blanches et les races plus ou moins noires, un abîme infranchissable. Malheur à l'homme de race européenne qui verrait un semblable dans celui qui garde la moindre trace du sang américain! Les mariages mixtes sont frappés d'anathème ; un noir n'ose pas même prier à côté d'un blanc : l'aristocratie de la couleur a ses heures pour assister au service divin dans les temples où tous les hommes devraient être égaux.

Ceux qui proposent à l'admiration de l'Europe la démocratie américaine se gardent bien de nous laisser voir ces ombres du tableau ; ils ne nous parlent que des succès matériels de la civilisation, et, de ce côté, que d'illusions encore! Étrange progrès que celui qui consiste à dépouiller violemment les tribus sauvages des territoires qui leur appartiennent, et à mettre en coupe réglée des sociétés entières? Ne serait-ce pas un mirage, produit par les vapeurs de l'Océan, qui nous fait voir un succès de la civilisation là où se montre évidemment un fait socialiste, une destruction de la propriété. Il est assurément très-louable de civiliser les sauvages, mais on ne peut admettre que le but justifie les moyens.

Pour trouver une démocratie sans alliage, une égalité politique absolue, il faut venir en France; là est le foyer de la démocratie moderne; là sont les constitutions qui ont voulu établir un état démocratique sans bornes, et déjà cette tentative a été appréciée plus sévèrement par les écrivains contemporains que ne le fut celle des Anglais par Montesquieu. M. de Lamennais, dans l'ouvrage qui a fondé sa réputation, ne s'est même pas occupé de savoir si les législateurs de 93 avaient bien ou mal compris la France en voulant y établir des institutions démocratiques; il va droit au principe même de la démocratie, et le condamne sans hésiter. « Rien de stable, dit-il, dans les principes, dans « les institutions, dans les lois (de la démocratie)...

« Une force irrésistible pousse et agite les hommes;
« ce qui se trouve sur la route, quel qu'il soit, est
« foulé aux pieds : ils avancent, reviennent, avan-
« cent encore, et tout l'ordre social devient pour
« eux comme un chemin de passage...

« Il y a dans les esprits une certaine indocilité,
« dans les cœurs un certain mépris haineux et dé-
« fiant pour l'autorité, qui fait qu'on cède et qu'on
« n'obéit pas...

« La *médiocrité* réussit mieux dans les démocra-
« ties que le vrai talent, surtout lorsqu'il s'allie à
« un noble caractère. La *flatterie*, la *servilité*, la
« *bassesse*, une *fausse habileté* souple et patiente,
« conduisent plus sûrement aux emplois que le gé-
« nie et la vertu, chez les peuples qu'on appelle li-
« bres. Le génie d'ailleurs, et même le talent, s'il
« avait quelque chose d'élevé, rencontrerait trop
« de difficultés, trouverait trop d'obstacles à ses
« entreprises dans un état démocratique...

« Il ne restera pas un seul trône debout; quand
« viendra le *souffle des tempêtes* dont parle l'es-
« prit de Dieu, ils seront emportés *comme la paille*

« *sèche et comme la poussière*. La révolution an-
« nonce ouvertement leur chute, et à cet égard elle
« ne se trompe point ; ses prévoyances sont justes.

« Mais en quoi elle se trompe *stupidement*, c'est
« de penser qu'elle établira d'autres gouvernements
« en place de ceux qu'elle aura renversés, et qu'a-
« vec des doctrines toutes destructives elle créera
« quelque chose de stable, un ordre social nouveau.
« Son unique création *sera l'anarchie*, et le *fruit*
« *de ses œuvres, des pleurs et du sang.* »

M. de Lamennais a renié ses écrits ; il adore au-
jourd'hui ce qu'il avait méprisé ; mais son opinion
d'autrefois a été justifiée par les événements d'une
façon assez éclatante pour mériter de faire autorité
à côté de l'opinion de Montesquieu.

Afin de compléter le jugement des contempo-
rains, sur la valeur des institutions démocratiques
appliquées à un grand peuple, il faut encore citer
les observations pleines de justesse qui se trou-
vent, relativement à ce point de vue de la ques-
tion, dans le livre d'un illustre successeur de saint
François de Sales : « La démocratie, écrivait der-

« nièrement Mgr d'Annecy, ne peut convenir qu'à
« des peuplades peu nombreuses. Là où tout le monde
« doit pousser de la main le char de l'État, il faut être
« à portée, sous peine de perdre ses droits de sou-
« verain. Une république dont l'étendue dépasse-
« rait un jour de marche, blesserait essentiellement
« l'égalité, principe fondamental de toute démo-
« cratie. A mesure que la maison du citoyen s'é-
« loigne de la place publique où se font les déli-
« bérations, sa liberté diminue, et sa souveraineté
« n'est plus qu'un mensonge dès l'instant où il est
« trop loin pour en jouir. C'est ce qui a fait dire
« avec raison que, chez les Romains, la liberté était
« dans Rome et l'esclavage partout au dehors. »

Après tant de témoignages et tant d'expériences,
il serait insensé de ne pas oser dire, avec M. de
Lamennais et Mgr d'Annecy, que les institutions dé-
mocratiques sont une chimère pour les grands peu-
ples et un péril certain pour tous ; que l'esprit démo-
cratique surtout est un esprit impétueux et désor-
donné qui foule aux pieds tout ce qui se trouve
sur son passage ; un esprit *indocile*, *haineux* et

défiant qui *cède* à l'autorité et ne lui *obéit* jamais ; un esprit enfin qui détruit tout ce qui existe et ne peut y substituer que *des pleurs* et *du sang.*

Cet esprit, on peut l'affirmer, n'est pas l'esprit du peuple. Dans la démocratie que nous ont faite les législateurs modernes, ce n'est pas le peuple, dans le sens le plus large de ce mot, ni même dans le sens plus restreint, qui exerce la domination ; par une raison toute simple : c'est que le peuple n'y prétend pas ; il se rend mieux justice, son bon sens ne le trompe jamais, il sait parfaitement qu'il n'est pas élevé pour traiter les affaires publiques et que son éducation ne lui a rien appris du service de l'État ; il laisse volontiers à l'aristocratie ce dangereux privilége ; il faut lui faire violence, en quelque sorte, pour le conduire partout où il y a un pouvoir politique à exercer. Mais il y a au sein du peuple laborieux, ami de l'ordre et de ses devoirs, du peuple qui a le sentiment de son insuffisance politique, il y a une fraction de peuple ou, pour mieux dire, une faction ennemie de l'ordre et du travail, une faction ambitieuse et avide de jouissances, qui prétend résoudre des questions qui ne sont pas à sa portée, et lire dans un livre dont elle ne connaît pas l'alphabet. C'est cette faction, recrutée dans tous les rangs de la société, qui soulève le peuple paisible et l'entraîne sur les places publiques, qui le trompe toujours pour le dominer, et qui le pousse à des excès qu'il regrette tôt ou tard, car il ne les avait pas prémédités.

Voilà l'état démocratique moderne. En théorie, c'est la souveraineté exercée par le peuple tout entier; en réalité, c'est la souveraineté de la présomption et du vice.

C'est quelque chose de pire encore : c'est la préface du communisme politique, car c'est un partage si égal des droits politiques, que jamais le socialisme ne parcellera la terre en fractions semblables; jamais la triade ou le phalanstère n'établiront une égalité plus parfaite entre la paresse et l'activité, la stupidité et l'intelligence, le vice et la vertu.

Il est malheureusement vrai que, depuis cin-

quante ans, les hommes politiques ont méconnu
ces vérités et aplani les voies au torrent de la dé-
mocratie; à ceux qui poussaient le cri d'alarme,
les uns se contentaient de répondre avec une rési-
gnation fataliste : *La démocratie coule à pleins
bords;* les autres, qui se croyaient plus prévoyants,
cédaient, chaque jour, un pouce de terrain au tor-
rent, dans l'espoir de régler son cours en élargis-
sant son lit: inutiles concessions! le torrent n'a pas
cessé de déborder, et l'inondation est allée submer-
geant toutes les positions plus ou moins élevées.
L'esprit démocratique, encouragé par les satisfac-
tions données à son orgueil, veut aujourd'hui des
satisfactions d'une autre sorte, et nous laisse aper-
cevoir que le nivellement socialiste est sa dernière
et inévitable prétention (1).

Faut-il espérer que la société sera enfin avertie

______

(1) On a vu, dans ces derniers temps, des orateurs de club déclarer
que l'institution des recteurs d'académie et des chefs d'atelier étaient
des institutions aristocratiques; et c'est parce que cette déclaration est
conséquente au point de vue démocratique, que nous combattons la dé-
mocratie.

par ces menaçantes perspectives? Comprendra-t-elle
que l'orgueil qui appelle le règne de la démocratie
est toujours impuissant à la fonder? Osera-t-elle
se mettre en travers du torrent et le forcer à ren-
trer dans son lit? Écoutera-t-elle les avis des hom-
mes les plus éminents et les moins suspects, parmi
lesquels nous nous félicitons de compter aujour-
d'hui M. Guizot et M. Thiers? Il est temps qu'elle y
songe. Le torrent est encore contenu par la puis-
sance des armées régulières, et les dernières posi-
tions de la société ne seront pas emportées tant que
le soldat croira de son devoir de les défendre; mais de-
puis qu'on lui a permis d'abandonner les premières,
en 1830 et en 1848, depuis qu'on n'a pas craint de
l'en féliciter, on n'a plus le droit de compter aveu-
glément sur la discipline, et il faut bien que la so-
ciété elle-même réprime son esprit démocratique
sous peine de tomber dans l'*an*-archie de M. Prou-
dhon en passant par les sanglants présages de M. de
Lamennais.

Ce serait folie de demander qu'on étouffe
la démocratie où elle a pris racine, mais qu'à

l'exemple de Washington on s'applique à en modérer les excès.

Personne ne demande que les anciennes institutions aristocratiques soient rétablies là où l'aristocratie a été décimée; l'épreuve de 1814 n'a pas été assez heureuse pour encourager le législateur à la renouveler. Mais force est de reconnaître qu'il importe à la grandeur et à la prospérité d'un peuple de conserver son aristocratie, quand il est assez heureux pour en avoir une.

Il y a des services que tous les trésors du monde ne peuvent acheter; l'aristocratie a créé pour ces services exceptionnels le budget des distinctions honorables, afin de dégrever la dette publique. Si cette liste civile de l'honneur est lourde à l'orgueil, elle est heureusement légère au trésor.

La démocratie, au contraire, veut que tous les services publics soient payés en écus. Les distinctions honorifiques sont, à ses yeux, de la fausse monnaie; c'est pourquoi elle demande toujours que la Légion d'honneur soit abolie, et que les représentants de la nation soient payés comme des commis. Dans le budget démocratique, l'orgueil est exempt de charges, mais la bourse du contribuable s'épuise; c'est encore une voie ouverte au communisme.

IX.

IMPERFECTION DES INSTITUTIONS POLITIQUES. — IMPUISSANCE DE LA RÉVOLUTION.

Antagonisme des anciens ordres.— Antagonisme nouveau et plus ardent de la richesse et de la misère. — M. Proudhon et les révolutionnaires. — La révolution tourne dans le même cercle.

———

Admettre, avec les plus grands écrivains, que la tradition nationale soit la base la plus sûre et la source la plus légitime des institutions politiques, ce n'est pas prétendre que la tradition soit infaillible ni que ses œuvres soient parfaites. Reconnaître que le service de l'État soit mieux assuré par l'aristocratie que par la démocratie, la liberté

plus réelle et plus sûre dans la monarchie que dans
la république, ce n'est pas avoir une confiance illi-
mitée dans les formes de gouvernement. Ce qu'il
est permis de conclure de l'exposé des chapitres
précédents, c'est que les fictions politiques les plus
savantes, les stratagèmes législatifs les plus ingé-
nieux ne suffiront jamais à assurer la parfaite har-
monie du corps politique ; le choix n'est possible
qu'entre les différents degrés d'imperfection ; tout
système qui promet la perfection est une utopie.

Cette conclusion est-elle désespérante? Non. Elle
est la conséquence l'imperfection de l'esprit hu-
main, qui ne permet pas à l'homme de faire un
contrat politique parfait; ce qui est vraiment dés-
espérant, c'est l'infatuation des législateurs qui ont
méconnu cette incontestable vérité, et qui, pour
obtenir des institutions irréprochables (il s'agit ici,
comme on le voit, des législateurs bien intention-
nés), ont précipité la France dans un abîme de dé-
ceptions et de misères!

Oui, c'est l'espoir insensé d'arriver à des combi-
naisons politiques capables de réaliser tous les vœux

et tous les besoins d'un peuple, c'est cette aveugle
ambition qui a bouleversé la France et l'Europe de-
puis un demi-siècle. Rien n'est plus instructif que
de voir à l'œuvre les architectes de la révolution
entraînés par l'orgueil de la raison à la recherche
de l'absolu, et ramenés sans cesse, par la force des
choses, au point de départ. Vingt fois ils ont fait table
rase pour édifier un contrat politique nouveau, et
vingt fois ils ont échoué. En 89, on les avait aidés
de bonne foi et avec une confiance digne d'un meil-
leur sort; la nuit du 4 août, on ne saurait trop le
rappeler, nous a laissé le souvenir d'une abnégation
sans exemple, d'un entraînement politique sans li-
mites; on a pu arracher, en quelques heures, les
fondements d'un édifice que les siècles précédents
avaient élevé, et on a laissé toute liberté d'en cons-
truire un nouveau sur des fondements qui sem-
blaient devoir résister à tous les orages; mais au
premier coup de vent les nouvelles fondations ont
fléchi, et d'autres architectes sont venus qui ont
voulu bâtir à leur tour sur de plus nouveaux plans:
un jour ils ont pris pour base une assemblée uni-

que, mais le lendemain il leur en fallut deux. Ils cherchaient toujours la perfection sans pouvoir la trouver. Ils avaient cru toucher au but en l'an III de l'ère nouvelle; on s'accordait même à dire que la constitution du 12 août 1795 était plus savamment combinée que celles qui avaient précédé; l'expérience avait porté ses fruits, on regardait avec orgueil le conseil des Anciens et celui des Cinq cents comme une intelligente correction des vices de l'assemblée unique; on se vantait de n'avoir rien oublié dans ce nouveau contrat politique, car on y voyait écrits les devoirs de l'homme à côté de ses droits; on avait décrété, de par la loi, que pour être *bon citoyen il fallait être bon fils, bon père et bon époux*; que celui *qui violait les lois était indigne de l'estime des hommes;* il y avait un code social complet à côté du code politique. Mais bientôt il fallut renoncer à ce chef-d'œuvre comme à tous les autres, et on s'est mis à rebâtir sur des fondements encore nouveaux : on a créé des assemblées à vie, des consuls à vie, et enfin un empire héréditaire; toujours très-légalement, car on a toujours délibéré et statué au nom du principe de la souveraineté illimitée du peuple. En dernière analyse, l'empire lui-même est tombé avec la gloire qui lui avait servi de trépied, et force a été de revenir à l'ancienne monarchie.

La révolution avait tourné dans le même cercle pour revenir à son point de départ; dans cette course périlleuse, quelles leçons nous a-t-elle données? A quoi ont abouti ses efforts pour atteindre la perfection si vivement et si librement poursuivie? A cacher les imperfections politiques sous des noms nouveaux. Quel grand fait a-t-elle produit? Un seul. Plus elle s'est éloignée de la constitution tradition-nelle, qu'elle avait déclarée imparfaite, plus ses œuvres ont été impuissantes et éphémères; si elle est parvenue à donner quelque stabilité à ses éta-blissements, c'est lorsqu'elle les a rattachés aux traditions de la vieille France; c'est ainsi que l'em-pire, et plus tard la royauté de 1830, qui se distin-guent entre tous les établissements révolutionnai-res par leur durée, par l'éclat ou le repos qu'ils ont donnés au pays, sont en même temps les gou-

vernements qui se sont le moins éloignés de la cons-
titution traditionnelle. C'est cette ressemblance qui
les a fait vivre, de même qu'une rupture absolue
avec toutes les traditions nationales avait rendu
précaire l'existence des républiques de 93, 95 et
99. Plus les architectes de la révolution se sont con-
fiés à leur propre science, plus ils ont été impuis-
sants; plus ils se sont séparés du passé, moins ils
ont été maîtres de l'avenir.

Lorsqu'on voit les peuples attaquer les institu-
tions qui les ont régis pendant plusieurs siècles, et
mépriser les principes qu'ils ont vénérés, on croit
que les peuples se sont transformés, et que le mo-
ment est venu de leur donner des principes nou-
veaux et des institutions nouvelles. On ne fait pas
attention que l'intelligence et la réflexion, qui
conseillent les sages réformes, n'inspirent jamais
les révolutions; celles-ci sont toujours le résultat
d'une maladie des peuples, d'une effervescence
des passions, auxquelles le meilleur des gouver-
nements est toujours insupportable. Ce serait le
cas de comprimer les passions pour rendre aux

peuples la santé, et aux réformes une allure régulière, ou d'attendre que la fièvre fût calmée pour ramener les peuples naturellement aux principes qu'ils ont vénérés; malheureusement c'est alors que les législateurs s'imaginent qu'il est à propos d'écouter les passions et de les émanciper, erreur fatale qui précipite les peuples dans le désordre le plus effréné : erreur dont la révolution nous a donné un exemple qu'il importe de rappeler ici.

Dans l'ancienne monarchie, la division de la nation en trois ordres : celui du clergé, de la noblesse et du tiers, avait abouti à un fatal antagonisme entre les deux premiers et le troisième. On ne s'est préoccupé que de l'effet sans remonter à la cause, et on a cru détruire l'antagonisme en supprimant les ordres, à la manière des socialistes, qui croient détruire l'adultère et le vol en supprimant le mariage et la propriété. La cause de l'antagonisme, c'était l'avénement de l'esprit démocratique créé lui-même par l'esprit de négation et de révolte que la philosophie du dix-huitième siècle avait préconisé, et que l'on a développé en lui donnant une première satisfaction. Mais alors il est arrivé ce qui était inévitable, l'antagonisme a été déplacé et non détruit ; sur les débris des ordres renversés deux ordres nouveaux ont surgi : l'ordre de ceux qui avaient quelque chose, et l'ordre de ceux qui n'avaient rien. Ces ordres n'ont pas réussi à se constituer légalement sous les dictatures révolutionnaires, et ils ont un moment disparu sous l'éclat de la dictature impériale ; mais la loi électorale du 5 septembre est venue leur donner une nouvelle investiture en fondant le droit d'élection sur la fortune, et la charte de 1830 a achevé ce que la loi du 5 septembre avait commencé en renversant la pairie héréditaire, dernier et faible vestige des anciens ordres, et en réservant la capacité politique exclusivement aux censitaires. Ceux qui payaient 200 francs de contribution ont été investis de tous les droits de citoyen. Ceux qui ne payaient pas 200 francs ont été des ilotes politiques, et depuis ce jour un antagonisme nouveau s'est développé sans diversion, un antagonisme politique flanqué

de l'antagonisme de la fortune et de la misère, et ex-
cité par ce fatal concours à des entreprises d'exter-
mination plus ardentes et plus barbares que celles
que la première révolution avait excitées entre les
anciens ordres et la monarchie. La lutte avait changé
d'objet et reçu un nom nouveau. C'était au dix-
huitième siècle une guerre politique ; c'est aujour-
d'hui une guerre sociale ; c'était l'antagonisme de
la noblesse et du tiers, c'est aujourd'hui l'antago-
nisme du prolétaire et du rentier, mais c'est tou-
jours l'esprit de négation et de révolte.

M. Proudhon remarquait dernièrement que, le
lendemain des révolutions, les révolutionnaires
n'avaient jamais su tirer parti de la révolution ; il
s'en étonne, il gourmande vertement Robespierre
de n'avoir rien *organisé* en quatorze mois de dic-
tature : mais rien n'a été plus naturel. Si Robes-
pierre avait le pouvoir de faire des décrets, en
revanche il n'avait pas celui de professer des prin-
cipes conformes aux besoins réels des sociétés. Il
ne suffit pas d'avoir un balancier pour battre mon-
naie, il faut avoir un métal ayant cours, et c'est ce

que Robespierre n'avait pas. M. Proudhon gour-
mande à leur tour les démocrates de 1830 et les
démocrates de 1848 d'avoir montré la même im-
puissance que Robespierre, et, de plus, il les ac-
cuse de n'avoir *rien fait*, parce qu'ils n'avaient
rien étudié et rien appris. M. Proudhon est injuste;
les révolutionnaires ont beaucoup étudié et beau-
coup appris; s'ils n'ont rien pu faire le lendemain
de la victoire, ce n'est pas faute d'avoir soulevé
toutes les questions sociales et politiques; c'est, au
contraire, parce qu'ils les ont trop étudiées. Avec
plus d'ignorance, ils auraient accepté la première
utopie démocratique venue; mais l'étude qu'ils
ont faite des systèmes proposés leur en a montré
l'inconséquence et les contradictions. M. Proudhon
a été lui-même un grand travailleur dans ce genre;
il a réfuté, et il réfute chaque jour les utopies de
ses corévolutionnaires; il prouve, avec un incon-
testable talent, que la confusion est dans leurs
principes et dans leurs idées, et il constate leur
impuissance. Comment ne voit-il pas que c'est
l'impuissance de la révolution elle-même qu'il ac-

cuse dans celle des révolutionnaires, et que tous les faits qu'il cite justifient cette accusation ?

En regard de cette incapacité du principe révolutionnaire, l'histoire nous a montré le principe héréditaire rendant à la France, sans recourir à la terreur ou à la guerre, comme tous les gouvernements issus du principe électif, la liberté, le repos et la prospérité, qu'elle avait depuis longtemps perdus.

Cependant les fils des architectes qui avaient déjà démoli une première fois la monarchie héréditaire, sont parvenus à la renverser encore, grâce aux matériaux de mauvais aloi qu'ils avaient eux-mêmes glissés dans la reconstruction de cet antique édifice. Une monarchie démocratique, et en quelque sorte républicaine, leur a paru une excellente transaction entre le droit traditionnel et le droit révolutionnaire, entre la vieille et la jeune France. Les premiers succès de ce nouvel établissement ont même dépassé toutes les espérances, et les fils des constituants de 89 ont bien cru cette fois avoir découvert l'idéal que leurs pères avaient inutilement cherché ; mais ce gouvernement, plus nouveau et plus parfait, ce dernier-né de la révolution, a eu le même sort que ceux qu'elle avait mis au jour avant lui : il a été étouffé par sa propre mère, et la monarchie de 1830 n'a rien gagné à s'appeler la meilleure des républiques, si ce n'est d'être traitée plus cavalièrement par les républicains, et de ne pas trouver *un seul* de ses amis à son convoi funèbre !

La révolution, un moment enrayée, a repris sa marche rapide ; elle a bâclé en quelques heures, sur les ruines de cette monarchie démantelée d'avance, une république provisoire. Quelques mois plus tard, elle a fait acclamer une république *définitive*, à laquelle on promet déjà pour successeur le consulat à vie ou l'empire. Combien de temps la révolution emploiera-t-elle à parcourir ces diverses étapes ? Nul n'aura la prétention de le dire ; mais chacun est en droit de constater qu'elle est déjà arrivée à la seconde, et qu'elle parcourt le même cercle dans lequel elle a tourné une première fois. Qu'un vent favorable vienne parfois enfler ses voi-

les, l'océan qu'elle parcourt n'en sera pas moins
sans limites et sans fond ; qu'elle y jette la sonde
ou qu'elle cherche à y découvrir de nouveaux
rivages, elle ne rencontrera que les écueils sur les-
quels elle est déjà venue échouer, ou les nouveaux
brisants vers lesquels le socialisme l'entraîne, afin
d'engloutir la société elle-même : car, cette fois,
convaincus de leur impuissance à fonder un ordre
politique sur les débris des trônes renversés, les
modernes Titans demandent à entasser les débris
du monde social sur les débris du monde politique,
pour escalader leur nouvel Olympe.

X.

CATHOLICISME. — CHRISTIANISME.

Réalisation des principes de liberté, d'égalité et de fraternité. — Liberté d'examen. — Liberté religieuse; l'établissement du protestantisme a été une violation de cette liberté. — Influence de l'Église catholique sur la liberté politique.

———

Si le contrat social donné à l'homme sur le mont Sinaï est indissoluble, et si la raison ne peut substituer à cette œuvre divine que des chimères ou des calamités; si, d'un autre côté, le contrat politique, œuvre de l'homme, ne peut jamais atteindre la perfection que les législateurs poursuivent vainement, depuis un demi-siècle, à travers tant de

désastres; quel espoir reste-t-il à la société fran-
çaise d'améliorer sa condition sociale et politique?

A cette question la réponse est facile : Si la so-
ciété française persiste à chercher le progrès, sans
autre guide que la trompeuse infaillibilité de la
raison; si elle reste dans la voie où l'orgueil aveugle
et infini des philosophes du dernier siècle l'a en-
traînée, elle ne recueillera que d'amères déceptions
et d'implacables haines; si, au contraire, la société
française appelle à son aide les lumières de cette
raison supérieure dont les générations précédentes
avaient accepté et reconnu la bienfaisante auto-
rité, elle assurera non-seulement la paix entre les
hommes, mais encore le développement de la ci-
vilisation qu'ils ont droit d'ambitionner.

Il y a un demi-siècle que les novateurs les plus
audacieux ont résumé toutes les espérances de la
civilisation dans une formule célèbre qui est encore
aujourd'hui le symbole des plus modernes et des
plus téméraires prophètes. « Liberté, égalité, fra-
« ternité, dit M. Pierre Leroux, sont les trois mots
« de l'humanité et la fortune de la révolution. »

M. Pierre Leroux a dit vrai en ce sens que le monde est séduit par l'attrait de ces principes, et que la révolution tire toute sa force de son dévouement hypocrite à leur réalisation. Mais M. Pierre Leroux se trompe lorsqu'il espère formuler une théorie sociale et politique qui établisse parmi les hommes le règne de la liberté, de l'égalité et de la fraternité. On a pu voir que des législateurs plus habiles et plus audacieux avaient échoué à une époque où ils étaient secondés par les illusions d'une génération facile à passionner pour toutes les erreurs; on a pu voir comment on avait sacrifié à l'espoir d'une réforme idéale un contrat politique adopté par une longue suite de siècles, comment ceux qui avaient tout à perdre ont mis la main à la sape et à la mine non moins ardemment que ceux qui avaient tout à gagner, et avec quelle liberté on a forgé les lois qui devaient nous assurer les bienfaits de la liberté, de l'égalité et de la fraternité.

Cependant, il faut bien le reconnaître, malgré ces universels efforts, malgré ce concours loyal de toutes les volontés, on n'a pas fait un progrès réel dans l'application de ces principes ; au contraire, plus on a voté de décrets pour atteindre ce but, plus on s'en est éloigné et plus on a propagé l'oppression et la haine, à tel point que le dernier mot de la grande réforme révolutionnaire a été le règne de la terreur.

Ce n'est pas à dire que la liberté, l'égalité et la fraternité soient des principes sans application possible ; mais seulement qu'il y a de la démence à vouloir établir, de par la loi humaine, le règne pacifique et incontesté de ces principes, et que le législateur aveugle, qui poursuit cette séduisante chimère, ne décrétera jamais que des thèmes féconds en utopies extravagantes et en commentaires sanglants.

Si la France veut donner quelque réalité à ses rêves de liberté, d'égalité et de fraternité ; si elle veut assurer le paisible développement de ces principes qu'elle se rappelle, avec quelle sagesse et quelle infatigable constance l'Église les a propagés depuis dix-huit cents ans. Si l'œuvre a été lente,

c'est parce que la loi religieuse elle-même a été trop
longtemps sans empire sur les sociétés, et parce
qu'elle n'a presque jamais régné en même temps
sur les forts et sur les faibles. On doit comprendre
qu'il ait fallu beaucoup de temps à l'Église pour
renverser les idoles du vieux monde et pour ra-
mener les hommes à des idées plus justes sur la
Divinité; cependant cette entreprise n'était pas la
plus difficile : il y avait dans les dogmes chrétiens
des séductions puissantes, des idées d'ennoblisse-
ment et de rédemption qui relevaient l'homme à
ses propres yeux et lui faisaient mépriser les idoles
qui l'avaient abaissé en abaissant la Divinité elle-
même. Une tâche plus pénible était celle de ren-
verser les principes que le paganisme avait infil-
trés dans les habitudes et, pour ainsi dire, dans le
sang des peuples. Cette régénération, qui semblait
impossible, a été poursuivie avec une infatigable
persévérance et une religieuse ardeur. Souvent la
semence est tombée sur un terrain ingrat, où elle
ne pouvait éclore; mais elle a porté les plus heu-
reux fruits partout où elle a rencontré un champ

fertile, partout où un rayon de soleil est venu réchauffer son immortelle séve.

Et pourquoi ce privilége d'une action lente et sûre? pourquoi cette progression pacifique et constante vers la liberté, l'égalité et la fraternité sous l'empire de la religion? Parce que le catholicisme, en publiant le premier ces principes, que les socialistes modernes ont trouvés assez larges pour les écrire sur leur drapeau, a enseigné en même temps les limites qu'il ne fallait jamais franchir; et telle a été son intelligence des droits et des devoirs de l'homme, des exigences de la liberté et des nécessités de l'ordre, qu'il a surpassé sous ce double rapport tout ce qui avait été fait par les législateurs précédents, depuis le commencement du monde.

Les philosophes païens avaient parlé de liberté, mais ils avaient condamné la majorité de l'espèce humaine au plus dur esclavage; le catholicisme, en promettant la liberté à tous, a su écrire la règle qui pouvait en conjurer les périls, car il a dit à l'homme: « Ne fais pas à autrui ce que tu ne veux pas qu'on

« le fasse à toi-même. » Le principe et la limite de la liberté se trouvent à la fois dans cette maxime.

Les païens n'avaient compris l'égalité que par exception pour les races privilégiées; l'égalité régnait parmi les esclaves comme parmi les maîtres, mais entre les premiers et les seconds il y avait la distance d'un homme à une brute. Le catholicisme a seul proclamé le principe d'une égalité réelle, lorsqu'il a dit que tous les hommes étaient fils d'un même père et tous *égaux devant Dieu*. Mais en même temps il ne leur a pas promis l'égalité des biens et des jouissances, égalité chimérique que repoussent toutes les lois de la nature. Il a reconnu, au contraire, le principe de l'inégalité des droits et des devoirs dans la société, lorsqu'il a recommandé aux grands la bienveillance et aux petits la soumission. Tout ce qui était humainement possible pour adoucir l'inégalité des conditions sociales, pour rétablir l'équilibre entre le fort et le faible, il l'a fait en enseignant à tous le principe de la fraternité; principe sacré que les anciens ne pouvaient pas même connaître et qui a fondé, dans le moyen

âge, à côté des institutions charitables les plus fé-
condes, des institutions sociales non moins pré-
cieuses, notamment ces confréries à la fois civiles et
religieuses qui ont été la première organisation du
travail, et jusqu'à ce jour, la seule qui ait porté d'heu-
reux fruits. Ainsi, d'une part, l'esclavage aboli,
le monde chrétien couvert d'innombrables asiles
ouverts à la misère et à la piété ; d'autre part, les
mœurs païennes purifiées, la tyrannie des barbares
mitigée, la législation du travail régularisée, en un
mot les principes de liberté, d'égalité et de frater-
nité successivement introduits dans les institutions
françaises, telle a été l'œuvre de l'Église chré-
tienne.

Qu'a-t-on proposé pour accélérer le développe-
ment d'une civilisation si laborieusement et si heu
reusement conquise ? qu'a-t-on inventé, depuis l'o-
rigine du monde et dans ces derniers temps, pour
amener l'humanité à l'application immédiate et ab-
solue de la liberté, de l'égalité et de la fraternité ?
Des utopies aussi usées que criminelles, une liberté
absolue habilement déguisée par les comédiens du

socialisme, mais franchement appelée *anarchie* par
le seul réformateur qui ait le courage de son opi-
nion ; une égalité absolue, qui n'est elle-même
qu'une suprême inégalité, et qui a été condamnée
il y a longtemps par un philosophe païen dans des
termes qui semblent écrits pour notre époque : « Si
« semblable honneur, a dit Cicéron, est exactement
« rendu aux hommes les plus éminents et les plus
« infimes, il est inévitable que l'égalité même de-
« vienne la plus injuste inégalité ; » une fraternité,
enfin, qui est la négation de la fraternité. En effet,
dans l'état socialiste où, de par la loi, tous les
hommes sont tenus de vivre en frères, où la part
de chacun est fixée d'avance par une autorité sou-
veraine, la fraternité n'est plus qu'un vain mot.
Cette vertu sublime, qui ne peut se concevoir qu'au
sein même de la liberté, ne pourrait plus exister
sous le despotisme de la loi socialiste, et les géné-
rations appelées à la subir perdraient jusqu'à l'idée
même de la fraternité. Là où il n'y aurait plus de
propriété, où chaque citoyen aurait une ration égale
de pain et de vin, quel mérite auraient les hommes

à vivre dans une fraternité qu'ils seraient forcés de subir? Le christianisme entend mieux la fraternité; il la veut libre avant tout, il la veut sublime jusqu'à l'abnégation la plus absolue; il dit aux hommes : « Si vous n'aimez que ceux qui vous aiment, quelle récompense en aurez-vous?» Dans la fraternité socialiste, on ne peut aimer ni être aimé, le dévouement et le sacrifice sont sans objet et sans but. L'état socialiste parfait est un état dans lequel il n'y a ni bonheur ni malheur, ni vice ni vertu, et, en définitive, ni liberté, ni égalité, ni fraternité réelles. On a dit : Le socialisme, c'est la barbarie; on s'est trompé; c'est moins que cela encore : c'est l'état le plus voisin de celui des bêtes fauves.

On a pu voir comment l'Église assurait le développement des principes de liberté, d'égalité et de fraternité; on a pu apercevoir le secret de cette puissance dans une sagesse prévoyante qui a su donner des limites à ces principes en les proclamant, et dans une intelligence vraiment divine de la nature des hommes et des choses, qui, en mo-

dérant les passions et en développant les vertus,
travaille d'une main sûre à la perfection des lois.
Le législateur, au contraire, qui a cherché la per-
fection des lois pour conduire l'homme à la civili-
sation, agissait en sens inverse de la nature des
choses, et toujours il a été impuissant à réaliser les
espérances de l'humanité.

Les lois constatent la civilisation d'un peuple,
elles ne la font pas.

Que l'homme obéisse à l'ardeur irrésistible qui
l'entraîne vers le progrès, qu'il cherche à faire
chaque jour un pas vers la perfection du contrat
politique et du contrat social, cette ambition est
légitime; mais qu'il n'oublie jamais, dans cette pé-
rilleuse carrière, les conseils que Washington adres-
sait dans sa lettre d'adieu aux États-Unis :

« La religion et la morale, dit le libérateur de
« l'Amérique, sont les appuis nécessaires de la pros-
« périté des États. En vain prétendrait-il au patrio-
« tisme, celui qui voudrait renverser ces deux co-
« lonnes de l'édifice social. Le politique, ainsi que
« l'homme pieux, doit les révérer et les chérir.

« Supposons même un moment que la morale puisse
« se soutenir seule. L'influence qu'une éducation
« très-soignée aura *peut-être*, sur des esprits d'une
« trempe *particulière*, la raison et l'expérience
« nous défendent de l'attendre de la morale de
« toute une nation, sans le secours des principes
« religieux. »

Notre situation est l'éclatante confirmation de
ces paroles ; si la société française résiste aux at-
taques des socialistes, c'est parce qu'il existe en-
core quelque ciment religieux dans sa base.

C'est ici le lieu de résoudre la question posée
dans un des chapitres précédents, celle de savoir
ce qui empêche la société rationaliste de reconnaître
les principes de l'Église, et de marcher sous sa
bannière à une victoire certaine de la liberté sur le
despotisme, de l'égalité intelligente sur l'égalité
sauvage, de la fraternité de l'esprit sur la frater-
nité de la matière.

La société rationaliste pense que les dogmes ab-
solus de l'Église catholique condamnent la raison
à une soumission intolérable ; la société rationaliste

veut conserver le droit de libre examen, c'est-à-
dire un prétendu droit de liberté religieuse ; voilà
pourquoi elle refuse de reconnaître les principes
de l'Église.

La société ne serait-elle pas victime d'une énorme
méprise ? Ce qu'elle appelle soumission intolérable,
ne serait-ce pas la véritable liberté ? et, ce qu'elle
appelle liberté religieuse, ne serait-ce pas le des-
potisme le plus intolérable ?

Que dit l'Église en matière d'ordre social et reli-
gieux ? Elle dit à l'homme : Voilà le bien, voilà le
mal ! Est-ce donc là refuser à l'esprit l'indépen-
dance, et lui contester le droit d'examen ? Ce droit
n'est-il pas écrit assez clairement dans les œuvres
des Pères de l'Église, des Bossuet et des de Mais-
tre ? Pourrait-on montrer des penseurs qui se
soient élevés plus haut, dans l'examen des dogmes
sociaux et religieux, et qui aient fait plus d'hon-
neur à la raison ? Voudrait-on, peut-être, inter-
dire à l'Église le droit de dire où est le bien et
le mal ? Mais en se plaçant même au point de vue
humain, en ne tenant pas compte des droits sur-

naturels de l'Église, on peut encore demander qui mieux qu'elle enseignera le bien et le mal? Où trouver une autorité plus respectable que celle qui date de dix-huit siècles, et qui a été vénérée sans interruption par les plus grands esprits et les plus nobles caractères de tous les temps? — L'Église ajoute, il est vrai : Si vous faites le bien, vous serez récompensé; si vous faites le mal, vous serez puni, et c'est là où l'école rationaliste voit une soumission intolérable! Dites donc une répression intolérable, car ici l'Église se borne à réprimer, et par là précisément elle prouve qu'elle comprend la liberté.

Au delà de cette liberté d'examen, on l'a vu plus haut, il n'y a plus que la licence et l'omnipotence de la raison, c'est-à-dire l'anarchie de la raison, la domination légale de la force et le socialisme, qui est l'absolutisme le plus barbare et le plus intolérable.

Quant à ce qu'on appelle la liberté religieuse, la postérité s'étonnera quelque jour de la facilité avec laquelle des hommes, qui se disaient éclairés, se sont laissé donner le change, et comment ils ont pris pour des principes de liberté les actes les plus destructeurs de cette même liberté.

La méprise qu'il s'agit de signaler ici est celle qui dure depuis un siècle et demi, et qui a fait considérer le triomphe du protestantisme comme un triomphe de la liberté religieuse.

Ce n'est pas la liberté qui a réussi dans les luttes du seizième siècle, c'est le despotisme qui a vaincu la liberté.

L'erreur dans laquelle la société est tombée ne peut être mise en doute, au point de vue des faits. Partout où la religion protestante s'est établie, elle a consacré le monopole de son culte, et la servitude de tous les autres.

C'est ainsi que les choses se sont passées en Angleterre, en Suède et en Prusse, à l'origine du protestantisme.

Au point de vue des principes, l'erreur de l'école rationaliste n'est pas moins évidente. L'établissement du protestantisme, par cela seul qu'il s'est produit, loin d'être un acte de liberté religieuse, a été une atteinte directe à cette liberté.

En effet, qu'est-ce que la liberté religieuse?

C'est la *pratique* de la liberté de conscience, c'est-à-dire, c'est la liberté de choisir telle ou telle croyance religieuse; en d'autres termes, de se se faire juif, mahométan ou chrétien.

Mais qu'est-ce qu'une croyance religieuse?

C'est une croyance qui a ses principes et son gouvernement.

La religion juive, la religion mahométane et la religion chrétienne ont leurs gouvernements et leurs principes connus.

On a le droit positif, en vertu de la liberté religieuse, d'adopter ou de rejeter les principes et le gouvernement des religions juive, mahométane et chrétienne; on a même le droit de créer des croyances nouvelles avec des principes et des gouvernements nouveaux. Mais a-t-on le droit de modifier les principes et le gouvernement d'une croyance établie, de démembrer ses dogmes, et de dépouiller son gouvernement? Est-ce là un acte de liberté religieuse ou un acte de révolte contre la liberté du culte qu'on dénature? Telle est la question que soulève le protestantisme; poser une telle question, c'est évidemment la résoudre.

Non, la liberté religieuse ne peut donner le droit de dénaturer les principes et le gouvernement d'une croyance religieuse quelconque. La liberté religieuse ne consiste pas à dire, par exemple, à l'Église chrétienne, représentée et gouvernée depuis quinze siècles par l'Église catholique : Votre pontife est, depuis quinze cents ans, un usurpateur, votre *Credo* est un mensonge, vos rites sont une superstition ; c'est moi qui suis le vrai pontife, le vrai *Credo* et le vrai culte ; en conséquence, je vous enlève vos églises, vos fondations et vos dogmes. Non, ce n'est pas là un acte de liberté religieuse ; on a pu le persuader, à force de sophismes, à des époques où la liberté de discussion n'existait pas ; mais aujourd'hui la vérité se fait jour : déjà la constitution prussienne, délibérée par des hommes de toutes les croyances, vient de définir et de proclamer la liberté religieuse, dans

un sens qui justifie pleinement toutes les affirma-
tions qui précèdent. Qu'on lise avec attention les
articles suivants, surtout l'article 15, et on ne
pourra pas élever un seul doute à ce sujet.

« Titre II, art. 12. La liberté des confessions
religieuses et de se réunir pour former des sociétés
religieuses, ainsi que le culte public et privé, est
pleinement accordée. La jouissance des droits ci-
vils et politiques est indépendante de la profession
religieuse. Les devoirs civils et politiques ne sont
limités en rien par la pratique de la liberté de cons-
cience.

« Art. 15. Les Églises évangélique et romaine,
ainsi que les autres communions religieuses, ordon-
nent et dirigent leurs *propres affaires en toute
indépendance (selbststaendig) ; elles restent dans
la possession et la jouissance de leur culte, de leurs
établissements d'éducation et de bienfaisance, de
leurs fondations et de leurs fonds divers.*

« Art. 16. La communication des communions
religieuses avec leurs chefs n'est point restreinte.
La publication des ordonnances ecclésiastiques

n'est soumise qu'aux mêmes restrictions qui régis-
sent toutes les autres publications. »

Jamais, depuis qu'on parle de liberté religieuse,
on ne l'avait définie aussi franchement; toutes les
constitutions qui ont précédé la constitution prus-
sienne s'étaient bornées à proclamer des principes
généraux dont l'esprit de parti tirait les consé-
quences les plus opposées.

La liberté religieuse est formulée ici sans équi-
voque et sans réserves; l'indépendance du culte
catholique est assurée, ses propriétés sont garan-
ties, ses chefs sont reconnus; à tel point que, si
le protestantisme n'existait pas, il ne serait plus
possible de l'établir comme on l'a établi, c'est-à-
dire, en enlevant à l'Église romaine ses temples
ses institutions de bienfaisance, ses établissements
d'éducation et ses fondations diverses.

Ainsi, la première fois que la liberté religieuse
est consciencieusement définie, elle se trouve en
contradiction formelle avec le premier établisse-
ment du protestantisme; les législateurs prussiens
sont obligés de reconnaître ce que la saine logique

nous avait démontré. L'article 15 protége sans doute aujourd'hui l'existence de l'Église évangélique, comme celle de l'Église romaine; mais cet article protecteur de la liberté religieuse est en même temps l'acte d'accusation de Luther, de Calvin, d'Henri VIII, et de tous les usurpateurs religieux.

La liberté religieuse, ou le droit de choisir une croyance, on ne saurait trop insister sur ce point, n'est pas le droit de morceler une croyance établie, de renverser ses principes et son gouvernement, de la dépouiller de ses dogmes, de ses établissements et de ses fondations. Ce droit barbare, que la révolte avait proclamé et que la faiblesse ou l'ignorance ont reconnu, est désormais abrogé par la constitution prussienne, au titre même de la liberté religieuse.

Il est donc démontré que ce n'est pas la liberté religieuse qui a triomphé par l'établissement du protestantisme en Allemagne et en Angleterre; en fait, c'est le monopole de l'Église évangélique, qui s'est établi pour plus d'un siècle, et, en principe, c'est l'oppression des droits de la liberté religieuse qui a réussi.

Vaincue sur le terrain des principes sociaux et religieux, l'école rationaliste se retranche sur un autre terrain; elle reproche au catholicisme d'être hostile à la liberté politique.

Déjà on a vu plus haut comment l'Église était désintéressée dans la question du gouvernement politique, comment elle pouvait prier également pour les États libres et pour ceux qui ne l'étaient pas. Il importe d'ajouter ici que les préférences de l'Église sont pour la liberté politique, non, sans doute, pour la liberté frivole et illusoire des temps modernes, mais pour la liberté véritable et chrétienne des temps anciens.

Les générations nouvelles se sont soumises trop longtemps aux oracles d'une philosophie incrédule. L'histoire se refait chaque jour, une science sérieuse efface les erreurs qu'une science superficielle avait propagées. L'Église ne relève pas seulement ses autels, elle rehausse en même temps la valeur de son action sur les gouvernements; elle prouve qu'elle est l'âme du contrat politique, par cela même qu'elle est l'âme du contrat social.

Son influence, sous ce rapport, ne peut plus se dissimuler; on est obligé de la reconnaître, et nulle part elle n'a éclaté plus vivement que sous nos yeux. Qu'est-ce que nous sommes nous-mêmes, qu'est-ce que ce beau royaume de France, si ce n'est une œuvre de l'Église, l'œuvre des évêques, comme l'a reconnu Gibbon lui-même? Et que d'efforts, que de soins assidus, que de sacrifices il a fallu faire pour poser les fondements de cet admirable édifice au milieu des siècles les plus barbares! Que de labeurs pour arriver de Clovis à Charlemagne, et de Hugues Capet à saint Louis! Quelle vertueuse et constante énergie dans ces apôtres qui ont dompté les mœurs sauvages que la Germanie avait apportées à la Gaule! Quel miracle surtout que cette résurrection d'une liberté nouvelle, d'une liberté positive et sincère sous la pression d'un despotisme barbare!

Si vous sortez de France, vous trouvez encore l'Église posant les bases de toutes les monarchies

représentatives; vous la voyez écrivant la liberté
politique dans les *fueros* et dans les chartes muni-
cipales, arrachant le peuple, le peuple surtout,
à l'ignorance et à l'abrutissement dans lesquels la
civilisation païenne l'avait enseveli; et, après l'avoir
ressuscité, c'est elle encore qui le fait entrer dans
les assemblées espagnoles en 1202, dans les assem-
blées anglaises en 1265, dans les assemblées alle-
mandes en 1233, comme elle le faisait entrer dans
les assemblées françaises. Ce n'est pas encore assez
d'avoir été la source des libertés politiques, l'Église a
voulu en être la plus fidèle sauvegarde. Le pouvoir
absolu est nouveau en Europe; il ne date que du
jour où la réforme a renversé l'autorité tutélaire
de l'Église. Les cortès et les états généraux, ces
deux grandes formes de la liberté politique, n'ont
pu être suspendues que par les souverains qui
avaient affaibli l'influence de l'Église. Le grand
Frédéric rendait lui-même à ce pouvoir modéra-
teur un hommage peu suspect, lorsqu'il écrivait
à Voltaire : « Soliman est heureux : il n'a pas
« de pape pour l'empêcher de faire ce qu'il

« veut. » C'est un pape, en effet, un pape ho-
noré par l'Église du nom de Grand, qui avait dit,
il y a plusieurs siècles : « Celui qui gouverne avec
« piété, justice et miséricorde, mérite d'être appelé
« roi; celui qui manque à ces devoirs n'est plus
« un roi, mais un tyran. » (Saint Grégoire le Grand.)

Inviter les peuples à reconnaître l'autorité de
l'Église, à respecter ses préceptes et à lui deman-
der des garanties réelles de liberté, d'égalité et
de fraternité, ce n'est pas demander l'impossi-
ble; ce n'est pas prétendre qu'on établisse aujour-
d'hui le règne de toutes les vertus chrétiennes.
L'âge d'or est une chimère que les sages n'ont ja-
mais caressée; les païens l'avaient reléguée dans
un passé fabuleux; les socialistes seuls ont l'au-
dace de soutenir qu'il se trouve dans leurs théories;
quant à nous, chrétiens, dédaignant ces mensonges
pieux et ces coupables impostures, nous plaçons
l'âge d'or dans un autre monde. Ce n'est pas le
règne de la vertu que nous demandons; ce que
nous voulons, c'est le règne de son principe; ce
que nous voulons, c'est que la vertu soit respec-

tée et ambitionnée, c'est que nous ayons le désir sincère de la pratiquer de toute la puissance de notre faiblesse. Ce respect et cette ambition suffisent à l'ordre social. Ce qui le perd, c'est moins l'absence de la vertu que l'absence de son principe, c'est moins le vice que le cynisme du vice, c'est moins le crime que l'orgueil du crime. Le culte du siècle pour ses passions, cette idolâtrie moderne, qui a toute la corruption de l'ancienne sans en rappeler le prestige, voilà ce que le christianisme a détruit une première fois, voilà ce qu'il est appelé à détruire de nouveau; voilà le faux dieu que nous devons renier avant tout. Que la société remporte cette première victoire sur elle-même, qu'elle ouvre cette porte au christianisme, et la civilisation reprendra sa marche glorieuse et féconde.

XI.

CONCLUSION DE LA PREMIÈRE PARTIE.

VRAIE MONARCHIE, VRAIE RÉPUBLIQUE.

République modérée, moyen d'arriver à la dictature socialiste. — Monarchie impériale. — Monarchie de 1830. — Différence entre 1830 et 1688. — Ce qui peut expliquer la conduite de la maison d'Orléans. — Lettre du lieutenant général du royaume au roi Charles X. — Il faut opter entre la vraie république et la vraie monarchie.

———

Résumer les principes posés dans ce livre, ce sera en faire comprendre l'enchaînement.

L'erreur des publicistes et des législateurs est d'avoir confondu les principes sociaux et les principes politiques, et d'en avoir méconnu la véritable origine.

Les principes sociaux, ayant pour but de régler les rapports inévitables et prédestinés de l'humanité, sont nécessairement immuables et universels comme la nature de l'homme; c'est pour cela que la sagesse divine nous les a révélés.

Les principes politiques, ayant pour but de régler les rapports d'une société humaine, eu égard au degré de civilisation auquel elle est parvenue, sont nécessairement relatifs et variables, selon les temps et les circonstances; c'est pourquoi la sagesse divine les a abandonnés au jugement des hommes. En un mot, le contrat social est d'origine divine : il est universel et immuable comme les lois de notre existence. Le contrat politique est d'origine humaine : il est relatif aux besoins et aux traditions des peuples.

Dans l'ordre social révélé, la matière est soumise à l'esprit; la souffrance est la rédemption de l'humanité, le triomphe des passions est sa chute; la vie mortelle est sacrifiée à la vie éternelle, l'une est considérée comme le pénible enfantement de l'autre, et, sous l'influence de ces lois mystérieuses, mais efficaces, les générations humaines se succèdent et cheminent harmonieusement, comme le monde céleste sous l'empire des lois divines qui le régissent.

Le socialisme, c'est-à-dire la prétention de déchirer le contrat social révélé, est une hérésie sociale, sœur de l'hérésie religieuse. Le principe de toute hérésie est la souveraineté de la raison. Entre celui qui reconnaît cette souveraineté, et ceux qui veulent détruire la religion, la famille et la propriété, il y a une différence d'application ; mais il n'y a aucune différence de principe.

De là l'impuissance de la société rationaliste en face du socialisme ; dans ce grand procès entre le monde ancien et un monde nouveau, la société incrédule n'a plus de juge compétent, plus d'autorité supérieure, plus de lois éternelles et immuables, mais de simples conventions que la raison de chacun peut admettre ou condamner en vertu de sa toute-puissance. Les législateurs rationalistes ont voulu mettre les droits de la propriété et de la famille à l'abri du caprice de cette souveraineté, et ils ont imaginé de déclarer ces droits imprescriptibles; mais cette inviolabilité, proclamée par la raison de la veille, reste exposée aux tentatives de la raison du lendemain, et la cause est toujours renvoyée à d'autres juges.

Si on veut un arrêt définitif sur la valeur des conventions sociales, il faut le demander à un tribunal supérieur, il faut revenir à la loi révélée, qui seule peut donner à la famille et à la propriété une origine divine, et seule permet à la société de déclarer impie et sacrilége la doctrine qui veut renverser ces bases fondamentales du contrat social. En un mot, si on veut en finir avec le socialisme, il faut revenir au contrat social révélé.

Dans l'ordre politique les principes peuvent varier, les formes de gouvernement peuvent se multiplier à l'infini; mais l'expérience des siècles montre que les principes politiques traditionnels sont les sources de la prospérité et de la grandeur des peuples.

La France, qui semble prédestinée à servir au

monde d'exemple et de leçon, la France nous montre cette vérité dans son histoire. Le principe politique traditionnel, celui de la souveraineté du droit, a fait la gloire, la grandeur et l'unité de la nation ; le principe politique révolutionnaire, celui de la souveraineté de la force, a fait le désordre, la ruine et le malheur du peuple.

Le principe politique traditionnel est un principe constituant de conservation et d'ordre.

Le principe politique révolutionnaire est un principe constituant de bouleversement indéfini, un droit illimité de réforme qui aboutit à la réforme socialiste.

Sous l'empire du principe traditionnel, le devoir des citoyens est tracé : ceux qui sont appelés à défendre l'autorité ne peuvent pas douter de la légitimité de leur dévouement ; ils s'immolent pour la défense de ce principe sans hésiter ; le 10 août et le 30 juillet l'ont douloureusement attesté.

Sous l'empire du principe nouveau, le devoir des citoyens est toujours douteux ; parce que la volonté du peuple, qui en est la règle, peut changer d'un moment à l'autre. C'est pour ce régime que semble avoir été écrite cette maxime : Il est plus difficile de connaître son devoir que de le remplir. La conduite de l'armée en février 1848 s'explique par ce doute et ne se comprendrait pas autrement.

Les principes politiques, qu'ils soient traditionnels ou révolutionnaires, peuvent constituer également les différentes formes de gouvernement; et, de fait, le principe révolutionnaire a créé, depuis cinquante ans, des républiques et des monarchies, des gouvernements libres et des gouvernements absolus, des gouvernements aristocratiques et des gouvernements démocratiques.

Tous ces gouvernements peuvent donc être considérés comme des formes diverses d'autorité, indépendantes de leur principe constitutif.

A ce point de vue, la république et la monarchie apparaissent avec des mérites particuliers.

La forme républicaine séduit les esprits et flatte les amours-propres; mais la république a besoin d'une sauvegarde contre la mobilité de sa forme.

Les institutions représentatives et les libertés publiques lui sont un sujet perpétuel de troubles; et le principe électif devient une source de révolutions interminables, s'il n'est pas modéré par l'intervention d'un principe héréditaire.

La forme monarchique, au contraire, est une garantie d'ordre, et, par la fixité de ses règles d'hérédité, elle modère l'agitation que peut susciter un développement prématuré des libertés politiques.

En un mot, comme on l'a déjà dit, il vaut mieux placer la liberté sous la sauvegarde de la monarchie que sous celle de la république.

Les questions de pouvoir absolu et de liberté politique ne peuvent pas se résoudre *à priori* : ce sont des questions d'opportunité; c'est le pouvoir absolu qui prépare à la liberté les sociétés naissantes, de même que l'obéissance apprend aux hommes le commandement.

L'aristocratie est vengée, par l'histoire, des reproches que l'ignorance et la mauvaise foi ont adressés à cette institution. A Rome, à Venise et

en France, elle a été l'école des services publics;
en France surtout, les aristocrates ont été le bou-
levard de l'indépendance nationale, et c'est ainsi
qu'on était arrivé à donner à ces *hommes de la
nation* le nom de *gentilshommes*. Si l'aristocratie
n'existe plus, si elle ne peut être rétablie, les ser-
vices qu'elle a rendus ne sont pas moins évidents;
s'ils avaient besoin d'une démonstration nouvelle
aujourd'hui, ils la trouveraient dans le fait le plus
considérable de notre époque, dans l'avénement de
la démocratie moderne.

Ceux qui prônaient la démocratie nous avaient
fait espérer une ère nouvelle de liberté, de prospé-
rité et de grandeur, et nous nous sommes laissé
séduire par ces brillantes promesses. Mais depuis
cinquante ans, la démocratie a fait de vains efforts
pour les réaliser, et elle ne nous a apporté que les
déceptions les plus cruelles. S'il était permis à ses
premiers adeptes de se faire illusion, il est désor-
mais impossible de dissimuler ses déplorables ef-
fets : nous avons vu ses attentats en France, en
Allemagne et en Italie; toujours impuissant pour

le maintien de l'ordre, toujours favorable au désordre, le pouvoir de la démocratie a compromis partout la prospérité particulière et la fortune publique; toujours indulgent pour ses séides, il a excusé leurs crimes et souvent même désigné à leurs poignards les plus nobles victimes. Il faudrait être aveugle ou insensé pour espérer encore le développement de la civilisation et de la liberté du triomphe de l'esprit démocratique; il n'est plus permis d'en attendre désormais que le nivellement des intelligences, que la décadence de la civilisation et le despotisme de l'anarchie. Si l'esprit démocratique peut entrer dans l'armée comme il est entré dans l'organisation politique, l'Europe sera perdue, et la civilisation, péniblement acquise par les efforts des siècles passés, fera place à la barbarie la plus atroce.

La démocratie américaine, c'est-à-dire celle de l'Amérique du Nord, se présente sous un jour plus favorable; mais ses succès momentanés sont dus à la piété et à la vertu des grands hommes qui ont

entouré son berceau (1), à ces génies immortels que
la démocratie n'avait pas créés et qu'elle ne rempla-
cera pas ; parce que, dans la démocratie, tout s'a-
baisse, le niveau des arts, le niveau des intelli-
gences, des talents, des vertus, de l'honneur et du
génie. Tôt ou tard nous aurons le dernier mot de la
démocratie américaine ; tôt ou tard nous découvri-
rons les plaies qu'elle cache encore sous l'éclat
trompeur de son génie industriel et commercial ;
tôt ou tard l'esprit démocratique trahira sa faiblesse
dans l'ancien comme dans le nouveau monde (2).

Est-ce à dire qu'il n'y a pas de milieu entre l'an-
cien régime et l'anarchie ? Est-ce à dire que la mo-
narchie de 1789 était parvenue à la limite des pro-
grès politiques, et qu'il ne nous reste d'autre parti
à prendre que d'y revenir purement et simplement ?
Telle n'est pas la portée de ces paroles.

Ce qui semble démontré par l'expérience d'un

____

(1) Voyez à l'App., n° 4, quelques détails sur la piété de Washington.

(2) Au moment où nous écrivons, la grande crise de l'esclavage prend
en Amérique des développements formidables, et menace de déchirer le
pacte de l'*Union* par la guerre civile.

demi-siècle si fécond en enseignements de tout genre, c'est que la révolution a été impuissante à former un nouveau contrat social et un nouveau contrat politique; c'est qu'elle a restauré sous des noms nouveaux tous les abus qu'elle avait promis de détruire; c'est qu'elle a cherché le progrès dans des voies nouvelles, où elle n'a rencontré que les plus grands fléaux qui puissent affliger une nation : la guerre civile et l'invasion étrangère ; c'est que la voie la plus sûre pour améliorer le sort de tous, et pour arriver au développement de la civilisation, était la voie suivie et frayée par les générations précédentes; c'est enfin qu'il faudra tôt ou tard rentrer dans cette voie pour sauver le contrat social et perfectionner le contrat politique. Il ne suffit pas de vouloir l'ordre et la liberté, il faut en vouloir les conditions.

Quant à la réalisation des principes d'égalité et de fraternité, on ne l'obtiendra jamais par des décrets. La religion, seule, peut assurer le règne incontesté de ces principes. Il n'y a qu'une manière d'être véritablement libre, véritablement heureux et véritablement riche : c'est d'être chrétien.

Si les hommes qui se disent éclairés, si les disciples de l'école rationaliste, ne veulent pas reconnaître ces éternelles vérités, s'ils persistent à fuir ce que Washington appelait la *pure et douce lumière de la révélation*, et à croire que la raison suffit à tout, on peut affirmer sans hésitation que la raison, livrée à elle-même, perdra tout ; et, malheureusement, ce n'est pas une présomption qui justifie ce présage, c'est l'histoire. Plus la raison s'est éloignée du contrat social révélé et du contrat politique traditionnel, plus elle s'est égarée ; elle n'a produit que deux sortes d'hommes d'État : des ambitieux et des aveugles ; des Érostrates exécrables qui ont incendié le monde pour s'illustrer, et d'honnêtes alchimistes qui nous ont ruinés pour nous rendre plus riches.

Cependant nous devons à ces dures épreuves un enseignement qui ne sera pas perdu, un enseignement qui simplifie le problème de l'organisation politique. Il est impossible de ne pas voir que le règne des termes moyens est fini. On ne peut plus faire de l'éclectisme politique. Il faut opter désormais entre les conséquences inévitables du principe traditionnel et celles du principe révolutionnaire, entre la monarchie légitime et la république socialiste, en un mot, entre la vraie république et la vraie monarchie.

On pourrait être accusé de violer la constitution, malgré ce qui a été dit du droit de la reviser, si l'on proposait aujourd'hui de délibérer sur un choix entre la république et la monarchie ; mais sans vouloir dépasser la limite des droits et des devoirs les plus rigoureux, on peut préciser entre quelle république et quelle monarchie nous aurons à choisir lorsque le jour fixé pour la révision sera arrivé.

Depuis que la république a été proclamée, c'est-à-dire depuis deux ans à peine, elle a subi plusieurs transformations essentielles ; le principe électif, qui est sa nature même, n'a pas été entamé, mais la condition de la république a été modifiée. Sous le gouvernement provisoire, les factions démocratiques et socialistes s'étaient partagé le pouvoir ; sous la dictature militaire, le socialisme a été repoussé par les partisans du système démocratique; sous la première influence de la constitution, ce système a été écarté par une réaction du principe héréditaire, c'est du moins le sens qu'il faut donner à l'élection d'un *héritier du nom* de Bonaparte; enfin, sous cette dernière influence, la république marche à une transformation nouvelle.

Les partisans peu éclairés de la forme républicaine espèrent maintenir le *statu quo* par une politique de modération, et comptent sur la puissance du principe électif pour rétablir la religion, la famille et la propriété dans toute leur inviolabilité. Si cette illusion est généreuse, elle n'est pas moins téméraire. La république modérée, soutenue par les efforts désintéressés des gens de bien et protégée par ce concours salutaire contre les conséquences naturelles de son principe, peut se présenter comme un temps d'arrêt dans la marche de la révolution; mais elle n'est pas et ne peut pas être une solution définitive.

La république, telle que la constitution de 1848 a voulu la faire, est une république démocratique où doit régner l'égalité la plus absolue des droits politiques. Or, cette république, c'est, comme on l'a déjà dit, le communisme politique; c'est la négation de la famille, de la propriété, de la science, de la vertu dans l'ordre politique; c'est le premier terme du communisme social qui nie la famille, la propriété, la science et la vertu dans l'ordre social. La constitution de 1848 a consacré, il est vrai, la famille et la propriété dans l'ordre social; mais par cela même elle a reconnu le droit de les renverser : on objecterait en vain qu'elle a considéré ces institutions sociales comme antérieures et supérieures aux lois positives : cette antériorité est sans valeur réelle, puisqu'elle n'est fondée sur aucune autorité supérieure; c'est une antériorité de date purement et simplement; la commission de la constitution l'entendait elle-même ainsi, puisqu'elle avait porté une véritable atteinte au droit de propriété en créant le droit au travail. Si le bon sens public s'est révolté, si la tradition a triomphé, il est permis de se demander combien de temps encore durera ce triomphe. Qu'est-ce, en effet, que la religion sous l'empire de la souveraineté illimitée du peuple? Une convention. La famille? Une convention. La propriété? Une convention. La richesse? la pauvreté? Conventions! et, il faut bien le dire, conventions éphémères, impuissantes, inférieures au dernier des contrats civils, puisqu'elles reposent sur une volonté toujours illimitée et toujours souveraine d'elle-même! « La loi d'hier, dit Rousseau, « n'oblige pas aujourd'hui; le peuple est toujours « en droit de la révoquer. » Voilà cinquante ans que la raison a proclamé ce principe et qu'elle se révolte contre ses conséquences; mais c'est en vain qu'elle est parvenue, à force de sacrifices, à en arrêter le suprême développement; dans cette lutte interminable la raison recule toujours, et tôt ou tard elle glissera dans l'abîme qu'elle a creusé elle-même. Si la France a été assez aveugle pour ne pas apercevoir depuis longtemps la pente naturelle qui conduit de la république démocratique à la république socialiste, cet aveuglement n'est plus possible aujourd'hui. Les voiles ont été déchirés, la lumière s'est faite, les républicains de

la veille, les vrais républicains ont renoncé à dis-
simuler les conséquences inévitables de la répu-
blique de 1848; les voici franchement et haute-
ment avouées dans l'organe le plus sérieux de la
république :

« Sans tendances sociales, ou pour parler plus net
et plus bref, sans socialisme, la république n'a pas
en réalité de raison d'être.

« Sans république, le socialisme ne peut pas
même exister. Tout lui manque à la fois, — levier
et point d'appui, — souveraineté du peuple, suf-
frage universel.

« La république comme moyen,

« Le socialisme comme but,

« La république pour le socialisme,

« Le socialisme par la république,

« Voilà désormais la formule de la démocratie. »

Cette profession de foi du *National* était depuis
longtemps celle de M. Proudhon.

Ainsi tous ceux qui ont accepté l'épreuve de la
république, ceux même qui l'ont appelée comme
une expression nouvelle de la liberté et du progrès,

sont avertis : le dernier mot de la république, c'est le socialisme ; le dernier mot du progrès, c'est le socialisme ; la république est le moyen, la souveraineté illimitée du peuple est le levier, le suffrage universel est le point d'appui.

Est-ce à dire qu'il faut blâmer les efforts généreux qui ont été faits pour soutenir la république? Non, car ces efforts étaient impérieusement commandés par les circonstances. Il y a plus : ces efforts ont été utiles, ils ont permis que l'épreuve fût plus complète et plus sérieuse, ils ont appris à la France que la république ne pouvait être pacifiée que par les hommes et les principes monarchiques, et l'opinion publique a pu se convaincre que la république modérée, protectrice de la religion, de la famille et de la propriété, est une fiction à laquelle ils ne peuvent donner qu'une existence passagère ; la république véritable, la république des républicains éprouvés c'est la république démocratique et antisociale ; c'est-à-dire le règne légalisé de la force.

Il en est de la monarchie comme de la république : elle a eu, depuis cinquante ans , des phases diverses. Deux fois elle a été constituée en dehors de son véritable principe, deux fois on a essayé, par une aveugle inconséquence, de faire de l'hérédité *à priori*, et deux fois ces essais de monarchie ont échoué sans même avoir obtenu de la Providence UN SEUL FAIT D'HÉRÉDITÉ. C'est qu'en effet la monarchie impériale et la monarchie de juillet étaient des expressions de la souveraineté élective et non de la souveraineté héréditaire. L'une a couvert de gloire nos drapeaux et a fait tomber à ses pieds tous les rois de l'Europe, l'autre a développé l'industrie et assuré le maintien de la paix dans des circonstances critiques ; mais ni l'une ni l'autre n'a pu immobiliser à son profit le principe électif dans une dynastie nouvelle.

Voudrait-on faire de nouvelles tentatives d'empire et de monarchie élective?

La monarchie impériale a été un beau rêve de la révolution, une sorte d'apparition héroïque évoquée par la baguette d'un puissant enchanteur, mais ce n'était qu'une image de la monarchie. L'empereur a fait bonne et sévère justice des ré-

volutionnaires : il les a tous convertis, exilés ou
enterrés dans de riches sinécures; mais il n'a pas
détruit le principe de la révolution, il l'a déplacé.
Le pouvoir irrésistible et sans limites que la révo-
lution avait exercé est passé dans les mains de
l'empereur; il n'a plus été permis de penser qu'à la
guerre, à la gloire et à l'empire; c'était la souve-
raineté de la force personnifiée dans un grand
homme, jusqu'au jour où elle quitterait cette forme
pour en prendre une nouvelle.

Ce n'est pas la révolution qui a fait tomber l'em-
pire en 1814, c'est la guerre; mais le jour où l'em-
pire a voulu renaître, la révolution est revenue
avec lui, et les Cent jours resteront dans la mémoire
des hommes comme le souvenir d'un double crime :
de celui d'avoir attiré sur la France les malheurs
de l'invasion étrangère, et celui d'avoir ravivé l'es-
prit de la révolution. Il aurait fallu à l'empereur de
nouvelles victoires pour absorber une seconde fois
la révolution dans l'éclat de la gloire impériale;
mais une journée fatale a détruit ces dernières es-
pérances de l'empire, et nous a montré la faiblesse

de la force dans sa lutte contre les principes.

Recommencer aujourd'hui l'empire, demander à des mains moins puissantes que celles de Napoléon de porter le sceptre que celles-ci n'ont pas pu soutenir, ce serait une entreprise qui pourrait être, selon les circonstances, criminelle ou insensée. Criminelle si c'était par usurpation, et c'est l'héritier de l'empire qui a condamné lui-même toute tentative de ce genre, lorsqu'il a dit, dans son premier message : « Je verrai des ennemis de la patrie dans tous ceux qui tenteraient de changer « par des voies illégales ce que la France entière a « établi. » En présence d'un engagement aussi solennel, il faut reconnaître que l'usurpation est impossible, et que le président ne suivra pas les conseils des aventuriers qui l'invitent aux coups d'État, ou bien il faudrait supposer que l'hypocrisie se cache sous le nom glorieux de Bonaparte. En ce qui nous concerne, nous repoussons cette odieuse supposition. Mais il y a une autre route pour arriver à l'empire ; il y a celle des voies qu'on appelle légales, celle du suffrage universel, et il y a des raisons puissantes qui permettent de prévoir un nouvel avénement de l'empire. Cette prévision est légitime, il faut bien le dire, parce que nous sommes en république, et parce que la dictature a toujours été la conséquence accidentelle ou durable, mais toujours inévitable, d'un établissement républicain ancien ou nouveau.

Cette prévision est encore légitime, parce que l'étrange régime de liberté qu'on nous a donné depuis le 24 février 1848 nous a tellement habitués à considérer l'état de siége comme un bienfait, que la dictature impériale apparaît comme la consécration et l'ornement des chaînes que nous sommes forcés de porter pour obtenir quelque repos.

Cette prévision est légitime, enfin, parce que l'esprit démocratique, qui a détruit tan tde choses, n'a pas encore détruit le prestige qui peut ramener la dictature impériale; il n'a pas encore détrôné la royauté des noms.

La restauration d'un nouvel empire par les voies légales offre donc des séductions réelles, sans parler des précédents, qui ont aussi leur influence. Mais l'entreprise n'en serait pas moins insensée. La dictature se comprend comme moyen, et non comme but; on peut passer par la dictature pour revenir à la république ou pour aller à la monarchie, mais on ne perpétue pas cette souveraineté de la force.

Aussi longtemps que Napoléon a usé de sa dictature pour relever les fondements de l'ordre social, pour rendre à la religion son autorité bienfaisante, pour forcer la démocratie à rentrer dans son lit, le succès a couronné ses efforts; mais le jour où la dictature a été pour lui un but, le jour où il a voulu consolider à son profit le droit de la force, la force du droit l'a renversé.

C'est une grande erreur de croire que la révolution puisse être contenue par la révolution. Le génie de Napoléon avait bien compris cette erreur lorsqu'il regrettait de ne pas être son petit-fils. D'un autre côté, ce génie était trop puissant pour reculer dans la voie où il était entré; le général Bonaparte ne pouvait pas prendre le rôle du général Monk; la Providence avait d'autres vues sur lui;

il devait achever l'épreuve qu'il avait commencée,
afin que le monde reçût un enseignement nouveau,
un témoignage éclatant de l'impuissance de la ré-
volution dans les mains les plus capables de fon-
der un pouvoir politique. On peut toujours faire
un trône avec quelques morceaux de charpente
recouverts de velours ; mais on ne peut faire de la
monarchie qu'avec un principe inviolable d'hé-
rédité, avec un pouvoir irrévocable, investi du
droit de commander, et soumis, en même temps,
à des principes religieux, sociaux et politiques qui
constituent la liberté de la nation.

C'est une autre erreur de croire que la révolu-
tion ait pour termes nécessaires la république ou
les Cosaques. Le génie humilié d'un grand homme
a pu nous envoyer, du rocher de Sainte-Hélène,
ce fatal présage ; mais la république et les Cosa-
ques ne sont pas les deux termes de la question
qui s'agite dans le monde ; ils ne sont qu'un seul
et même terme ; la république aujourd'hui c'est la
république socialiste, et celle-ci est l'avant-cou-
reur de l'invasion étrangère. L'Europe ne sera pas

républicaine ou cosaque ; elle sera monarchique ou républicaine, monarchique ou cosaque : tels sont aujourd'hui les véritables termes de la question.

La monarchie de 1830 serait-elle une meilleure contrefaçon de la monarchie héréditaire ? L'épreuve dont nous avons été témoins doit-elle recommencer ? Est-ce que le talent et l'expérience ont manqué à ceux qui l'avaient fondée et à ceux qui l'ont servie ? Non, assurément ; ce qu'il faut regretter, au contraire, c'est qu'ils aient sacrifié tant de lumières et tant d'efforts à l'accomplissement d'une œuvre impossible. Ils ont imposé un sursis plus ou moins long au droit de la souveraineté du peuple par la puissance de la forme monarchique, mais tôt ou tard le fond devait emporter la forme. Sans doute, ils ont ajourné la république en donnant le change aux passions, et en les tournant vers l'ambition des jouissances matérielles ; mais c'était en même temps créer un nouveau danger, et préparer l'avénement de la république socialiste.

Il manquait, d'ailleurs, à la monarchie de **1830** ce qui avait manqué à toutes les œuvres de la révolution française, et ce qui les avait rendues si fragiles; il lui manquait le ciment des principes religieux, sans lequel aucun établissement humain ne saurait être durable. Ceux qui prétendaient être les disciples de Guillaume III et de Washington, avaient oublié ou n'avaient pas compris que la révolution dynastique en Angleterre et la révolution politique aux États-Unis devaient leur succès au concours des principes religieux. En personnifiant, dans la monarchie de 1830, l'esprit de doute, on avait ouvert l'abîme dans lequel elle devait s'engloutir. On avait donné à cet établissement un principe de faiblesse et de mort, qu'une restauration quelconque ne changerait jamais en un principe de vie. On ne ressuscite pas la mort; on ne fait pas surtout, d'une monarchie qui s'est constituée en dehors de tout principe révélé, la sauvegarde des principes sociaux écrits dans la révélation.

La monarchie de 1830 nous a conduits au socialisme, parce qu'elle était la monarchie du principe révolutionnaire, le satellite obligé des libres penseurs et l'esclave des intérêts matériels. Elle serait encore forcément le symbole de l'incrédulité et la préface du socialisme; autant vaudrait couronner Voltaire et Rousseau : ce serait moins royal, mais ce serait plus sincère.

C'est une grande erreur de croire que nous ayons renouvelé en 1830 ce que l'Angleterre avait fait en 1688. Des analogies apparentes ont pu nous tromper, il n'y en avait pas de réelles, il n'y en avait pas qui pussent nous faire espérer le succès qu'a obtenu ce qu'on appelle la révolution de 1688. Si cette *prétendue* révolution a réussi, c'est parce que la révolution *véritable* a échoué. Il y a eu des troubles et des désordres affreux en Angleterre, il y a eu des faits révolutionnaires considérables, mais ils ont été passagers; en définitive, la vieille constitution a été restaurée et la royauté a retrouvé son inviolabilité; si elle n'a pas retrouvé sa dynastie légitime, si les réformateurs religieux en ont demandé une autre, ils se sont efforcés de la *légitimer* en lui donnant une généalogie nouvelle.

En 1830, la royauté et la dynastie ont disparu, pour faire place à une autre royauté et à une autre

dynastie ; la royauté est devenue révocable et res-
ponsable, en dépit des stipulations contraires, par
cela seul qu'elle avait été élue. C'est pour cela
qu'elle ne pouvait pas réussir et qu'elle n'a pas
réussi.

S'il arrivait aux hommes politiques de se mé-
prendre sur les enseignements de l'expérience et de
la logique, et de songer à une restauration de la
royauté de 1830, il est permis de les avertir que
cette entreprise rencontrerait cette fois un obstacle
insurmontable, c'est-à-dire le refus probable, et
même certain, que la maison d'Orléans oppose-
rait à toute proposition de renouveler l'épreuve de
1830.

Lorsque Mgr le duc d'Orléans a accepté la péril-
leuse mission de conserver la monarchie, sans s'ap-
puyer sur son principe, la situation des hommes et
des choses était bien différente de celle qui se pré-
sente désormais.

En 1830, le chef de la maison d'Orléans, porté
par une succession de faits inattendus à la lieute-
nance générale du royaume et légitimement appelé

à protéger une monarchie chancelante, a pu se mé-
prendre, dans ce grand péril, sur les moyens de la
sauver. Il a pu croire à la nécessité de saisir le
pouvoir d'une main ferme pour arrêter le déborde-
ment de l'anarchie, il a pu admettre la nécessité
non moins impérieuse d'offrir aux partis extrêmes
une transaction entre la royauté qu'ils venaient de
vaincre et la république qu'ils voulaient proclamer.
Il a pu supposer qu'il entreprenait une œuvre réali-
sable, et que son intelligence des affaires était assez
grande pour lui permettre de faire de l'ordre avec
un principe de désordre.

Aujourd'hui l'expérience a prononcé sur toutes
ces hypothèses ; l'illusion n'est plus permise, elle
serait criminelle ; il est évident que le jour où la
France, fatiguée d'une révolution sans but et sans
terme, voudra se réfugier dans la forme monar-
chique, elle ne pourra plus confier ses destinées à
la monarchie qui nous a conduits au socialisme.
La maison d'Orléans n'aurait plus aucun prétexte
de se laisser imposer un rôle dans lequel tous les
efforts de l'habileté, du courage et du dévouement

de ses princes ont été inutiles et impuissants.

La révolution est libre, sans doute, d'offrir une seconde fois la couronne à la maison d'Orléans; elle peut donner ce qu'elle a pris et reprendre ce qu'elle a donné, mais la maison d'Orléans est également libre aujourd'hui vis-à-vis de la révolution, et elle n'acceptera pas comme un présent ce qu'elle s'était laissé imposer comme un fardeau; on est ici du moins autorisé à le croire en regard des événements, et surtout en regard des explications qui ont eu lieu en 1830.

On a parlé quelquefois de ces explications, et on y a fait allusion sans les connaître; nous sommes en mesure, et nous croyons utile en ce moment d'éclairer le public sur la portée et la forme de ces explications. Le récit qu'on va lire est le résumé fidèle des confidences que nous avons reçues des acteurs ou des témoins du drame secret que nous allons rappeler.

C'est dans la nuit du 31 juillet, vers une heure après minuit, que M. le duc d'Orléans fit appeler au Palais-Royal un personnage investi de toute la confiance du roi Charles X et momentanément retiré au palais du Luxembourg; c'est dans un cabinet où le lieutenant général du royaume avait fait jeter un matelas, pour prendre quelque repos, que les explications ont été échangées. L'entrevue fut longue, elle dura plusieurs heures : l'avenir de la monarchie y fut examiné, la responsabilité de la maison d'Orléans, les éventualités d'un couronnement, tout fut prévu et discuté; et, en dernière analyse, M. le duc d'Orléans exprima ses résolutions dans une lettre qu'il adressa au roi Charles X, et qu'il confia au personnage qu'il avait fait appeler. Celui-ci, de retour au palais du Luxembourg, remit la lettre à un serviteur fidèle, et le chargea de la porter secrètement à Trianon, où le roi s'était retiré en quittant Saint-Cloud, avec recommandation expresse d'anéantir cette dépêche à tout prix, en cas d'arrestation pendant le trajet. La lettre portait pour suscription, *Au roi*, plus bas, *le duc d'Orléans.*

Au moment d'emporter ce précieux document, à travers des lignes ennemies, le fidèle serviteur en demanda une copie, afin de la transmettre au roi, si les circonstances l'obligeaient à faire disparaître l'original. Cette précaution était justifiée par les circonstances, et on se mit en mesure de lui dicter le contenu de la lettre. Cependant, la chambre où on se trouvait était située dans les combles du Luxembourg et dénuée de tout ; une plume fichée dans un vieil encrier de verre formait le mobilier du bureau ; le papier manquait absolument ; toutefois la Providence, qui se plaît souvent à montrer son intervention dans ces grandes péripéties, avait permis qu'un ancien traité des ordres du Saint-Esprit et de Saint-Michel, égaré dans ce grenier, se trouvât là pour recevoir la copie des engagements de la maison d'Orléans et la rendre plus sacrée : le feuillet le plus blanc de ce livre, celui qui portait la table des matières, en fut arraché, et la copie de la lettre du lieutenant général du royaume y fut écrite sous la dictée de celui qui l'avait apportée du Palais-Royal. Ce feuillet, gardé pendant quinze ans dans une boîte de fer-blanc par celui qui l'a écrit, nous a été confié en 1845, dans l'espoir que nous en ferions l'usage le plus loyal et le plus profitable.

Voici cette copie authentique de la lettre du duc d'Orléans au roi Charles X. Le public jugera si nous avons répondu à la confiance qu'on nous avait témoignée.

« M. de *** dira à Votre Majesté comment l'on « m'a amené ici par force ; j'ignore jusqu'à quel « point ces gens-ci pourront user de violence à « mon égard, mais si dans cet affreux désordre il « arrivait que l'on m'imposât un titre auquel je « n'ai jamais aspiré, que Votre Majesté soit bien « persuadée que je n'exercerais toute espèce de « pouvoir que temporairement et dans le seul in-« térêt de notre maison.

« J'en prends ici l'engagement formel envers « Votre Majesté. Ma famille partage mes sentiments « à cet égard (1).

« Palais-Royal, 31 juillet 1830.

« *Signé :* (Fidèle sujet.)»

Nous savons positivement ce qu'est devenu l'original de cette lettre, le moment n'est pas arrivé

____

(1) On trouvera, à la fin de ce chapitre, le *fac-simile* de cette copie.

de le dire. Ce qui est digne de remarque, c'est que le langage de ce document est conforme de tous points au langage que l'on prête en ce moment au roi Louis-Philippe, et à celui qu'il a tenu dans ses relations avec les cabinets européens; il résume très-bien d'ailleurs ce que nous avons dit précédemment de la situation de la maison d'Orléans en présence des événements de 1830, des motifs qui ont pu l'amener, malgré elle, et dans un jour de tempête, à jeter la monarchie sur un radeau pour l'empêcher de sombrer.

Ce que nous sommes fondé à dire, c'est qu'aujourd'hui la maison d'Orléans, en acceptant la couronne volontairement des mains de la révolution, trahirait les devoirs qu'elle n'a pas cru trahir en 1830.

Ce que nous sommes surtout en droit d'affirmer, c'est que la branche cadette des Bourbons est, comme la branche aînée, dépositaire d'un principe qui appartient à la France, et qu'aucun descendant de saint Louis n'a faculté pour répudier ce glorieux et saint héritage; car ce serait déshériter la France elle-même d'un droit national, la liberté de sa meilleure sauvegarde, et l'ordre de sa plus précieuse garantie.

Il importe à l'honneur et à l'intérêt de tous que les situations soient nettes et loyales. On a trompé les républicains en 1830, lorsqu'on leur a fait espérer que la monarchie nouvelle serait la meilleure des républiques; il ne faut pas tromper les royalistes aujourd'hui, en leur disant que la république héréditaire est la meilleure des monarchies. Il faut renoncer à déguiser les rois en présidents de république, et les présidents de république en rois. Si la France veut des chefs de république, elle trouvera les plus légitimes et les plus sincères en dehors des races royales; si la France veut des chefs de monarchie, il ne faut pas qu'elle prenne les cadets pour les aînés.

Ne nous laissons pas séduire par de trompeuses apparences; renonçons, une fois pour toutes, aux chimères américaines et anglaises.

N'espérons pas que la révolution puisse faire une longue halte dans une république modérée, gardienne de l'ancien ordre social. La plupart de ceux qui veulent la république en France, ne sont pas républicains ; ils sont encore *monarchiques* en ce sens qu'ils veulent l'*unité* de pouvoir. Si le dévouement de ces quasi-royalistes à la république modérée peut ajourner sa chute, il ne l'empêchera pas. Cette république n'est pas le but de la révolution : c'est pour celle-ci le moyen de renverser la vieille société et d'établir une dictature démocratique et socialiste.

N'espérons pas que l'ère impériale puisse renaître dans la situation où se trouvent la France et l'Europe. Il nous faudrait encore des guerres de géants pour établir une seconde fois la dictature de la victoire.

N'espérons pas non plus que le retour de la monarchie de 1830 puisse jamais nous donner ce que la constitution de 1688 a donné à l'Angleterre. Il y a entre ces deux établissements la distance d'une restauration à une révolution.

La vraie monarchie, c'est la monarchie du principe héréditaire, inviolable et sacré. La vraie ré-

TABLE

DES TITRES

Contenus dans ce second Volume.

FIN de la Table des Titres.

Addition à la Table des Noms du Tome II.

publique, c'est la république démocratique et socialiste. La question est désormais posée entre ces deux solutions définitives; le devoir de tous les hommes d'État qui ne veulent pas livrer le peuple à des illusions nouvelles, sera de proposer loyalement et hautement la première ou la seconde; hors de là il n'y a que des systèmes trompeurs de gouvernement, des fantômes de monarchie et des parodies de république.

SECONDE PARTIE.

—

QUESTIONS INTERNATIONALES.

QUESTIONS INTERNATIONALES.

I.

DES TRAITÉS.

De leur nécessité et de leur inviolabilité. — Du prétendu congrès de
la paix.

Les traités qui règlent aujourd'hui les rapports
des différents États entre eux, sont plus nombreux
et plus étendus qu'ils ne l'ont été à aucune époque;
ils embrassent en même temps les questions politi-
ques et commerciales qui se rapportent à la vie des

nations. Véritables sauvegardes des intérêts et des droits internationaux, ils sont à l'indépendance et à la sécurité de l'Europe ce que les lois civiles et politiques sont à l'indépendance et à la sécurité des citoyens d'un même empire. En un mot, les traités sont la grande charte du monde civilisé, la charte la plus inviolable entre toutes celles qui existent, car on ne peut y porter atteinte sans ébranler la sécurité et l'indépendance de tous les peuples à la fois.

Grâce aux progrès de la civilisation, la sainteté des traités est si bien reconnue de nos jours, que nul n'ose les violer ouvertement; s'il arrive quelquefois à un Etat de les rompre, il s'efforce toujours de justifier ses agressions devant le tribunal de l'opinion publique, dont la susceptibilité condamne les guerres injustes, et dont les arrêts reçoivent tôt ou tard une solennelle exécution.

Depuis quelque temps, la révolution elle-même s'est préoccupée des moyens de prévenir les luttes internationales, et d'assurer la conservation d'une paix universelle. La politique, la poésie et l'Église elle-même, ont été appelées, dans les quatre parties du monde, à donner à cette pacifique croisade le contingent de leurs esprits les plus aventureux. Quant aux moyens d'assurer la paix, ceux de la révolution sont plus hostiles que conciliants, car elle va jusqu'à provoquer les citoyens des différents États à dévoiler les secrets financiers de leurs gouvernements, pour les empêcher, par cette odieuse délation, de recourir à des emprunts de guerre, fût-ce même dans le cas de légitime défense !

La révolution nous permettra de lui dire qu'elle va bien loin chercher des moyens qui sont bien près, qu'elle perd beaucoup de temps et beaucoup d'éloquence pour découvrir ce qui est déjà trouvé.

La puissance qui peut, comme on le dit dans le congrès de la paix, *couper le nerf de la guerre, remplacer les arcs de triomphe par des palais d'industrie, étouffer les sentiments de vengeance,* et assurer la paix universelle, n'est pas une puissance occulte et mystérieuse que le congrès de la

paix soit appelé à révéler au monde : c'est tout
simplement le respect des traités établis.

On cherche en vain une formule humanitaire
propre à pacifier les races nombreuses qui cou-
vrent le globe; cette formule est introuvable en
dehors des traités qui seuls ont la faculté de se
multiplier et de se subdiviser, selon les temps et
les lieux, pour concilier tous les droits et consacrer
les transformations que le temps a rendues néces-
saires.

Les peuples du moyen âge avaient fait une ten-
tative semblable à celle qu'on renouvelle aujour-
d'hui, pour confier à une autorité supérieure le
maintien de la paix. On avait même institué le
tribunal le plus respectable et le plus élevé, en re-
connaissant au souverain pontife le droit de juger
les différends entre les peuples. Mais quelque vé-
nérée que fût alors l'autorité du saint-siége, quel-
que universelle que fût l'unité de sa doctrine et de
son principe, il lui a été impossible de jouer le
rôle auquel il avait été appelé; il est même per-
mis de dire qu'il a été calomnié et compromis pour

avoir cédé momentanément au vœu des peuples et accepté l'ingrate mission de concilier leurs prétentions hostiles.

Le congrès de la paix ne trouvera pas aujourd'hui un tribunal aussi haut placé dans l'esprit des peuples modernes que le fut la papauté dans l'esprit du moyen âge; il ne formulera pas des principes politiques et religieux plus généralement admis que ceux que les siècles passés avaient reconnus; il ne pourra donc pas même conduire sa tentative jusqu'au point où était parvenue celle que nos pères avaient faite. Si le congrès de la paix a quelque influence, qu'il s'en serve pour affermir dans l'esprit des peuples le respect des traités, qu'il consacre à cette sainte entreprise toute son activité, et il pourra se glorifier d'avoir posé le plus sûr fondement de la paix universelle. A vrai dire, la paix du monde n'a plus d'autres ennemis sérieux que les peuples aveuglés par l'esprit de révolution. Les souverains, soit sagesse, soit impuissance, ont enfin compris que le maintien de la paix était le plus impérieux de leurs devoirs, et,

depuis 1814, on n'a pas d'exemple de la violation,
par les gouvernements, du droit public établi dans
les traités de Vienne. Si la paix a été troublée en
Espagne, en Morée, en Pologne et en Belgique,
c'est aux mouvements des peuples qu'il faut s'en
prendre. Si le système de la paix armée est venu,
pendant dix-sept ans, épuiser la fortune des États
et ruiner le respect dû aux traités, c'est le principe
de l'insurrection, fatalement couronné le 9 août,
qui a créé cette situation désastreuse. Que le res-
pect des traités soit désormais la devise des gou-
vernements et des peuples, et la paix universelle
sera entourée de toutes les garanties que l'imper-
fection attachée à toutes les œuvres humaines per-
met de lui donner.

Vous voulez donc, objectera-t-on ici, que les
traités soient immuables en dépit des justes repro-
ches qu'on peut souvent leur adresser? A Dieu ne
plaise que telle soit la portée de ces paroles.

Dire que les traités sont inviolables, c'est dire
qu'ils ne peuvent être rompus par la volonté de
l'un des contractants; mais ce n'est pas dire que

les parties intéressées n'aient pas toujours le droit de les rompre d'un commun accord. De même que les lois se modifient et se renouvellent selon les besoins et les intérêts légitimes des peuples, de même les traités doivent être modifiés et renouvelés selon les exigences des rapports internationaux. En un mot, si les gouvernements et les peuples doivent aux traités un respect à toute épreuve, les traités doivent être, pour les gouvernements et pour les peuples, la consécration des principes d'équité et de justice en dehors desquels il n'y a rien qui puisse être respectable et respecté.

II.

TRAITÉS DE 1815.

Mission donnée au congrès de Vienne par les événements. — Comment
il s'est écarté de cette mission.

Il y a bientôt trente-cinq ans que les traités de
1815 ont été signés ; depuis ce temps on a beau-
coup parlé et beaucoup écrit sur ces traités, mais
on pouvait reprocher, aux controverses dont ils ont
été l'objet, un empressement à la fois inopportun
et périlleux.

Aujourd'hui la situation est changée, la question
est palpitante ; les révolutions, qui ont tracé sur la

carte leurs sanglantes démarcations, ne permettent pas qu'on se repose plus longtemps sur l'inviolabilité méconnue des stipulations qui sont la base des divisions territoriales de l'Europe. Ce qui serait périlleux aujourd'hui, ce serait l'insouciance des gouvernements le lendemain d'une tempête, dont la fureur mal apaisée révèle suffisamment les dangers qui menacent encore l'édifice ébranlé des traités de 1815.

Sans doute on peut dire en faveur de ces traités ce qu'on n'avait pu dire en faveur de ceux qui les ont précédés ; jamais convention internationale n'avait été discutée, délibérée et acceptée dans des formes plus solennelles ; jamais stipulation de peuple à peuple n'avait présenté un caractère synallagmatique plus complet ; jamais la foi des nations, c'est-à-dire ce qu'il y a de plus auguste dans le monde, n'avait été engagée dans des termes plus absolus. Mais plus on rehausse l'inviolabilité des traités de 1815, plus on doit se préoccuper des causes qui ont pu entraîner les peuples à y porter atteinte ; c'est cette légitime préoccupation qui nous guidera dans l'examen que nous allons faire des événements accomplis, et dans la recherche des moyens de raffermir les fondements du droit public européen.

Pour bien juger l'œuvre du congrès de Vienne, il faut avant tout se rendre compte de la situation dans laquelle il s'est trouvé, et de la mission que les circonstances l'appelaient à remplir. Si nous découvrons ces premiers termes de la question, il sera facile de s'entendre sur les derniers.

Ce qui doit frapper ceux qui se reportent, par la pensée, au milieu du congrès que les événements de 1814 et 1815 avaient réuni à Vienne, c'est la hauteur à laquelle il était placé au-dessus de toutes les nations. Les plus grands congrès des siècles précédents, y compris ceux de Munster, de Ryswick et d'Aix-la-Chapelle, n'avaient pas eu à régler les questions de principes que la force des choses a soumises au jugement du congrès de Vienne, et ils n'avaient pas eu pour sanction de leurs arrêts un déploiement de forces militaires composées des contingents de l'Europe entière. La mission et l'autorité, données par la chute de Napoléon, aux Metternich, aux Castlereagh, aux Talleyrand, aux Hardenberg et aux Tatischeff, n'avaient été données auparavant à aucun autre négociateur. Ils formaient en quelque sorte une assemblée représentative de tous les peuples, et il dépendait de ce conseil souverain de fonder une véritable charte du droit public, sur les débris des traités que la souveraineté de la force avait tour à tour écrits et déchirés. Il semble même que la Providence eût voulu faciliter cette grande tâche, car elle avait permis que la souveraineté du droit fût triomphante partout: républiques et monarchies avaient également répudié le principe révolutionnaire pour se constituer sur les bases du droit national et traditionnel, et cette victoire, aussi complète qu'inespérée, avait donné au congrès de Vienne un principe d'unité et d'autorité morale que la vénération des villes grecques n'avait pas même donné au tribunal des amphictyons (1).

(1) Voyez, pour l'importance des questions soumises au congrès de Vienne, l'appendice n° 3.

Quant aux bases sur lesquelles la paix devait être rétablie, elles avaient été consignées dans des engagements solennels, et maintes fois, depuis l'origine de la guerre avec la France, les puissances s'étaient donné pour but de conquérir et d'assurer par des efforts communs l'inviolabilité de leurs lois constitutives et de leurs territoires respectifs. Les traités séparés, conclus à différentes époques, avaient toujours rappelé et consacré cette juste prétention : le traité de Chaumont, signé par toutes les puissances coalisées, les obligeait à « pro-« curer à l'Europe une paix générale, sous la pro-« tection de laquelle les droits de *la liberté de* « *toutes les nations* pussent être établis et assurés.» Dans la déclaration du 25 mars, datée de Vitry, à la veille de la chute de Napoléon, les souverains s'étaient présentés comme « éloignés de toute vue « d'ambition et de conquête, et animés du seul dé-« sir de voir l'Europe reconstruite sur une juste « échelle de proportion entre les puissances, de « faire respecter l'*indépendance réciproque des na-*« *tions,* et de mettre les institutions sociales à l'abri

« des bouleversements. » Enfin l'empereur Alexandre, dans les élans de son esprit chevaleresque, avait renouvelé ces déclarations à son entrée à Paris en disant : « Que chaque peuple retrouve le « bonheur dans ses lois, *sous son gouvernement*, « et que la religion, les arts et les sciences refleu- « rissent pour le bien de tous les hommes. »

Malheureusement cette déclaration, empreinte d'un esprit de justice et de réparation, devait être le dernier acte de cette politique nationale et désintéressée qui avait armé l'Europe. L'ivresse d'une victoire achetée par de longs efforts n'a pas permis aux puissances représentées dans le congrès de Vienne d'élever leur pensée au-dessus des calculs de l'ambition la plus vulgaire et de la vengeance la plus aveugle. L'Angleterre, devenue l'arbitre du congrès après avoir été l'âme de la coalition, ranima contre la France monarchique les hostilités qu'elle avait fomentées contre la France révolutionnaire, et donna pour règle fondamentale des résolutions à prendre le principe de l'amoindrissement de la puissance française.

Tous les engagements antérieurs furent sacri-
fiés à ce mot d'ordre, et notre spoliation fut pré-
sentée comme la solution de tous les problèmes que
le congrès avait à résoudre. S'agissait-il d'assurer
le maintien de la paix, de rétablir l'équilibre, d'af-
franchir les peuples, de consolider les pouvoirs lé-
gitimes, il suffisait de renfermer la France dans les
limites de 89; cette grande conception du cabinet
anglais devait être la panacée universelle (1).

On sait comment elle a été réalisée; les con-
quêtes de la république et de l'empire ont été arra-
chées à la France pour former autour d'elle un cor-
don de gouvernements hostiles. Tous les souverains
qu'on avait promis de rétablir, tous les peuples

______

(1) La connivence de l'Europe dans la haine de l'Angleterre contre la
France est surtout l'effet des rapports que les guerres de coalition
avaient entretenus entre l'Europe et l'Angleterre. Cette influence de la
politique anglaise s'est exercée, au dire même de Washington, sur les
États-Unis :

« Les préjugés contre ce royaume (la France) avaient été tellement
enracinés par notre union avec l'Angleterre, et par la *politique an-
glaise*, qu'il s'est écoulé quelque temps avant que notre peuple pût en
triompher entièrement. »

(Washington, lettre au comte de Moustier, 26 mars 1788.)

qu'on avait juré de délivrer, ont été immolés en holocauste à la construction de cette grande muraille de Chine. La Belgique a été donnée aux Pays-Bas, les principautés catholiques du Rhin à la Prusse et à la Hesse protestantes, les villes épiscopales ont été métamorphosées en forteresses fédérales, Gènes a été donnée au Piémont, la Lombardie et la Vénétie à l'Autriche, Malte à l'Angleterre, une moitié de la Saxe à la Prusse, et le duché de Varsovie à la Russie (1).

Si on avait restitué à leurs souverains légitimes les provinces qu'on détachait de l'empire français, on aurait du moins couvert cette grande violation des traités de Campo-Formio, de Lunéville et de Tilsitt d'un voile de justice. Mais enlever à la France ses conquêtes pour les donner à de nouveaux conquérants, c'était bouleverser toutes les idées de droit public, c'était refuser à la France le droit de

---

(1) L'Angleterre a donné le premier exemple du manque de foi : elle avait promis aux Génois, par l'organe de lord Bentinck, que leur indépendance serait rétablie, et elle a chargé le général Dalrymple de leur annoncer leur réunion à la Sardaigne.

la victoire et en user largement pour soi-même, c'était cumuler le bénéfice de l'équité et celui de l'iniquité ! Et dans quelles proportions ? Elles étaient vraiment gigantesques !

Jamais, depuis l'invasion des barbares, on n'avait vu une telle hécatombe de souverains et de peuples. La révolution française avait posé le principe de ces grandes confiscations territoriales et l'avait largement pratiqué ; mais il n'était pas permis de supposer que les hommes d'État chargés de représenter des souverains légitimes oseraient signer des actes qui devaient dépasser la révolution elle-même dans la double violation du droit des couronnes et du droit des nationalités.

On a parlé d'équilibre, mais ce qu'on a fait ne répondait pas mieux aux lois de l'équilibre qu'à celles de la justice. Les agrandissements donnés à la Prusse n'ont pas fortifié sa position géographique vis-à-vis de la Russie. Les provinces italiennes livrées à l'Autriche, au mépris de leurs vœux les plus ardents, n'ont donné à cette puissance que l'embarras d'une conquête difficile à conserver :

non, il n'y a jamais eu dans le congrès de Vienne une pensée d'équilibre général, il n'y a eu que celle d'amoindrir et d'affaiblir la France. La seule pensée qui se soit fait jour à côté de celle-là, et dont les représentants de l'Europe aient été les aveugles instruments, a été la pensée audacieusement exprimée par un diplomate anglais à un diplomate russe dans ces termes ambitieux : « A vous la terre, a nous la mer. » On a traité les souverains et les États faibles comme s'ils étaient destinés à servir d'enjeu à l'ambition des grandes puissances, et on a donné pour unique enseignement aux générations futures l'oubli des engagements les plus solennels. En définitive, la pensée généreuse de l'empereur Alexandre s'est réduite à des cessions de territoires, à des supputations de frais de guerre et à des règlements d'indemnités, comme s'il eût été question d'un partage de prises entre corsaires anglais et prussiens.

L'expérience a-t-elle été favorable à cette déviation des principes qui devaient diriger le congrès de Vienne? A-t-elle ratifié les arrêts que la justice n'avait pas rendus? C'est ce que les événements de 1815 à 1830 et de 1830 à 1848 vont nous apprendre (1).

(1) Pour faire comprendre jusqu'à quel point le congrès de Vienne s'est éloigné de la mission que les événements et les déclarations antérieures lui avaient donnée, nous publions, à l'Appendice, quelques extraits du traité de Chaumont, de la déclaration de Vitry. (Voy. Appendice, n° IV.)

III.

1815 — 1830.

Le lendemain du jour où le congrès de Vienne, oubliant sa mission véritable, venait d'achever une téméraire contrefaçon de la politique qu'il se vantait d'avoir vaincue, les cabinets se sont souvenus des principes tutélaires de morale et de justice qu'ils avaient voulu faire triompher avant la victoire. Le maintien des droits établis est devenu le but de tous leurs efforts, et un système nouveau de concert européen, un système qu'on peut appeler amphictyonique a été adopté comme moyen d'atteindre ce but.

La pensée de soumettre les décisions futures des souverains à des règles immuables de droit public et aux préceptes mêmes de *fraternité* et d'*amour* que la loi divine enseigne à tous les peuples, a été loyalement exprimée dans le célèbre traité de la Sainte-Alliance, rédigé et signé à Paris, le 26 septembre 1815, par les trois souverains de Russie, de Prusse et d'Autriche, et auquel ont adhéré tous les princes du continent. L'Angleterre seule s'y est refusée; le prince régent du moins a déclaré que, tout en adhérant aux principes consignés dans cet acte, il ne pouvait y apposer sa signature sans violer les lois constitutionnelles de son pays, qui exigent le contre-seing d'un ministre responsable (1).

(1) Ce n'était qu'un prétexte spécieux pour rester l'arbitre des rivalités du continent. On trouvera à l'Appendice ce traité de la Sainte-Alliance que beaucoup d'hommes politiques ont condamné sans l'avoir lu, et qui aurait été jugé plus favorablement s'il avait été mieux connu. (Voy. n° V.)

Quant au système de concert européen, il avait
été formellement proclamé dans le traité d'alliance
du 20 novembre 1815, qui avait appelé les minis-
tres de Russie, de Prusse, d'Autriche et d'Angle-
terre, résidant à Paris, à remplir les fonctions de
gardiens des traités, et à discuter, dans des confé-
rences régulières, les affaires qui intéressaient le
repos de l'Europe. Le même traité avait stipulé
que, sous les auspices immédiats des souverains ou
de leurs plénipotentiaires, des réunions diploma-
tiques seraient consacrées périodiquement à l'exa-
men des mesures qui pourraient assurer le repos
et la prospérité des peuples.

La première réunion avait été fixée à l'automne
de 1818.

Les conférences de Paris sont parvenues à résou-
dre des questions que le congrès de Vienne avait
laissées indécises, et notamment celle de la ré-
versibilité de l'État de Parme. D'un autre côté, les
congrès d'Aix-la-Chapelle, de Troppau et de Lay-
bach ont réussi à trancher les questions qui avaient
provoqué leur réunion; la diplomatie était entrée

dans une ère nouvelle, et on a pu croire que les droits et les intérêts des peuples allaient recevoir des garanties plus inviolables sous l'empire de ces véritables états généraux des nations. Il est certain que les calculs les plus savants d'équilibre avaient toujours été insuffisants, depuis Charlemagne jusqu'à Napoléon, pour contenir l'ambition des souverains. Le système imaginé par Henri IV, qui voulait réduire tous les potentats chrétiens à une égalité absolue de force, et faire de la carte de l'Europe une sorte de damier, aurait été insuffisant lui-même s'il avait pu être réalisé (1). C'était donc un honneur pour les cabinets d'avoir voulu soumettre tous les princes sans distinction aux décisions souveraines d'un conseil des peuples, chargé de faire prévaloir les principes d'équité et de justice. Mais, adopté par un dévouement tardif et intéressé, ce nouveau système de

(1) Réduire tous les potentats de la chrétienté à une si fort approchante égalité de puissance, tant en force qu'en étendue de terre et de pays, que nul d'iceux, par l'excès d'iceux, n'entre en l'avidité d'en opprimer quelqu'un, ni l'un d'iceux en l'appréhension de le pouvoir être de lui. (*Mémoires de Sully*, pag. 600.)

droit public ne devait pas obtenir un succès complet, et il semble que la Providence ait voulu faire expier aux puissances les fautes du congrès de Vienne, en refusant à leurs efforts pour la conservation de leurs conquêtes le concours qu'elle avait donné à leurs luttes contre l'oppression et l'injustice.

Le congrès de Vérone, appelé, comme ceux qui l'avaient précédé, à résoudre, par un commun accord, les questions qui intéressaient la paix de l'Europe, a échoué dans cette mission, et a été le tombeau du système amphictyonique que les cabinets avaient voulu établir.

Pour comprendre l'influence fatale de cette contre-révolution inattendue, qui faisait reculer la diplomatie d'un demi-siècle, il importe de donner ici quelques explications sur les causes qui l'ont amenée.

Les questions qui devaient être agitées au congrès de Vérone étaient au nombre de cinq :

La pacification de l'Italie,

La traite des nègres,

L'avenir des colonies espagnoles,

Les démêlés de l'Orient entre les Grecs, les Russes et les Turcs,

La révolution espagnole.

La première question ne pouvait soulever aucune difficulté sérieuse, puisque l'Italie était pacifiée, et qu'il s'agissait seulement des mesures à prendre pour y conserver l'ordre.

La seconde semblait également résolue, car les puissances étaient unanimes pour considérer la traite comme un crime qui appelait une juste répression.

Les démêlés de l'Orient ne demandaient encore aucune résolution positive.

Le droit de l'Espagne sur les colonies ne pouvait être l'objet d'aucun doute. Enfin, la révolution espagnole semblait devoir être réprimée en vertu des mêmes principes qui avaient amené la répression de la révolution italienne.

Mais le cabinet de Londres avait souffert impatiemment, depuis la paix, le développement du nouveau système politique qui soumettait le règle-

ment des intérêts généraux de l'Europe aux déci-
sions d'un conseil amphictyonique. Les intérêts
politiques et commerciaux de l'Angleterre se trou-
vaient menacés par la résolution des puissances
continentales de ne plus tolérer les servitudes que
leur avait imposées une guerre de vingt-cinq ans.
C'en était fait de la puissance artificielle que l'Angle-
terre devait aux déchirements des États européens,
si leurs rapprochements, devenus plus étroits, leur
permettaient d'écarter toutes les causes d'antago-
nisme qui pouvaient encore se présenter. C'en
était fait surtout de la prépotence du cabinet an-
glais sur le continent, si la question espagnole était
résolue par une intervention de la France. Le mau-
vais génie de l'Angleterre se révolta à cette seule
pensée, et le duc de Wellington fut envoyé à Vé-
rone pour entraver toute résolution collective du
congrès relativement aux affaires d'Espagne, soit
par des objections sur la question elle-même, soit
par une rupture qui enlèverait aux décisions du
congrès le caractère d'unanimité qui était leur
plus grande force. Cette pensée secrète mais im-

possible à dissimuler, s'est trahie de plusieurs manières : par l'exagération des prétentions du cabinet anglais, et par la mauvaise foi évidente de ses explications. En effet, il a été impossible de prendre au sérieux le duc de Wellington lorsqu'il est venu demander que, pour mettre un obstacle à la traite des nègres, le congrès prohibât l'entrée des États alliés aux produits des colonies appartenant aux États qui n'auraient pas aboli la traite; lorsque, d'un autre côté, il a proposé que l'indépendance des colonies espagnoles fût reconnue pour mettre fin aux actes de piraterie qui inquiétaient le commerce du Nouveau Monde; enfin, lorsqu'il s'est refusé à exprimer une opinion précise sur la question espagnole, sous prétexte qu'il n'était pas suffisamment informé de l'état des choses.

Il était impossible de se faire illusion sur l'excentricité de ce langage; cependant les puissances continentales qui avaient promis ou fait espérer à la France un concours moral et matériel, dans le cas d'un conflit avec l'Espagne, se crurent obligées de

s'arrêter devant le veto déguisé de l'Angleterre :
elles se bornèrent à adresser trois dépêches insigni-
fiantes à la cour de Madrid, et laissèrent à la France
le péril et l'honneur de résoudre seule la question
espagnole (1). Au point de vue de la politique fran-
çaise, cette décision n'est pas à regretter, puisque
la France a trouvé l'occasion d'en tirer un parti
utile et glorieux ; mais au point de vue de la poli-
tique générale, il était impossible de ne pas déplo-
rer la rupture définitive du concert des puissances
européennes.

En effet, c'est à dater de ce jour que l'Europe
est entrée dans une voie nouvelle, ou plutôt a ré-
trogradé vers le temps où la diplomatie était l'art
de créer des alliances offensives et défensives qui
mettaient la ruse et la force à la place du droit, et
livraient le repos des États à la garantie précaire et
illusoire d'un équilibre impuissant. Ce retour inat-
tendu vers la politique du moyen âge était d'autant

(1) Voyez, à l'Appendice, un résumé des explications de M. de Cha-
teaubriand à ce sujet. (Voy. n° 6.)

plus périlleux pour l'Europe continentale, que les révolutions et les bouleversements dont l'Angleterre seule n'avait pas eu à souffrir, lui permettaient d'ajouter des rivalités de principe aux vieilles rivalités d'intérêt, et de trouver un nouveau point d'appui dans les rapports secrets qu'elle avait eus avec les mécontents de tous les pays. Afin de mieux apprécier l'importance de ce concours nouveau assuré à la politique de la Grande-Bretagne, il importe de rappeler les paroles prononcées à la tribune anglaise par M. Canning, à l'époque où l'opposition le pressait d'empêcher l'intervention de la France en Espagne.

« Je sais, disait M. Canning, que l'Angleterre « verrait ranger sous sa bannière tous les mécon- « tents et tous les esprits inquiets du siècle, tous « les hommes qui justement ou *injustement*, ne « sont pas satisfaits de la condition actuelle de leur « patrie.

« Mais s'il est bon d'avoir une *force gigantes-* « *que*, notre affaire est de ne point chercher l'oc- « casion de la déployer, excepté partiellement, et

« d'une *manière suffisante* pour faire sentir qu'il
« est de l'intérêt des exagérés des deux côtés de se
« garder de convertir LEUR ARBITRE en *compétiteur.* »

Soit impuissance, soit sagesse, M. Canning n'a
pas déployé, en 1823, cette force gigantesque d'une
manière suffisante pour se constituer notre arbitre
ou notre heureux compétiteur; mais il avait décou-
vert le secret de la puissance anglaise : elle pouvait
compter sur tous les hommes justement ou injuste-
ment mécontents de leur patrie, et ils pouvaient
compter également sur elle. De telle sorte que l'Eu-
rope, ramenée forcément à toutes les rivalités des
siècles passés, se voyait en même temps livrée à
toutes les trahisons révolutionnaires qu'il plairait à
l'Angleterre de soudoyer sur le continent.

Devant ce défi de l'ambition anglaise, l'Europe
n'avait plus qu'un seul parti à prendre : c'était
de former une alliance continentale pour résister à
l'ennemi commun; c'était de reconstituer, dans des
vues de conservation et de justice, ce système de
blocus continental que l'Empire, dans un intérêt
moins légitime, avait cherché à établir.

Si l'Europe était entrée dans cette voie, les révolutions qu'elle a subies auraient pu être évitées. Il est certain que les cabinets ont été avertis, et on peut s'étonner de leur imprévoyance en lisant la lettre suivante d'un homme d'État autrichien qui a été une des lumières du congrès de Vérone et dont la sagacité avait découvert la politique la plus conforme aux intérêts du continent : « J'ai observé avec « une véritable satisfaction, écrivait M. Gentz à « M. de Chateaubriand le 15 janvier 1823, que vous « vous êtes plusieurs fois servi du terme d'*alliance* « *continentale*. Rien ne me paraît plus juste que de « substituer ce terme (au moins dans le langage « confidentiel des cabinets) à tant de dénomina- « tions vagues, qui, en dernier lieu, n'ont servi « qu'à couvrir la nullité des engagements auxquels « elles se rapportaient. Si l'ordre et la paix peuvent « encore être solidement établis en Europe, il n'y « a que l'union sincère et active des grandes puis- « sances du continent qui puisse nous y conduire. « Tout est vrai, tout est réel dans cette association : « en dépit de la diversité des formes, les intérêts

« sont communs, les besoins sont réciproques.
« Avec les talents même du premier ordre à la tête
« de son gouvernement, la France ne peut se con-
« solider par une marche isolée, *et Dieu la préser-*
« *vera de jamais choisir celle dans laquelle elle*
« *rencontrerait l'Angleterre.* Et, quant à nous,
« quoique tranquilles encore sous l'égide de nos
« vieilles institutions, comment compterions-nous
« longtemps sur la stabilité de ce bonheur, si la
« France ne nous rendait pas, par la sagesse de ses
« conseils et le succès de ses mesures, ce même ap-
« pui moral qu'elle a droit d'attendre de notre
« part? Toute la haute politique me paraît renfer-
« mée dans ces simples vérités; le reste ne vaut
« pas la peine qu'on s'en occupe (1). »

M. Gentz avait mille fois raison, toute la poli-
tique pouvait se résumer dans l'alliance continen-
tale, unique moyen de contre-balancer la prépo-
tence des intérêts anglais et d'élever une digue au
débordement des passions révolutionnaires soldées
et fomentées par la puissance britannique.

(1) M. Gentz, 16 janvier 1823. Congrès de Vérone, I, p. 440.

Les hésitations de l'Autriche et de la Prusse, fondées sur leurs anciennes et récentes intimités avec l'Angleterre, n'ont pas permis que la pensée de M. Gentz se réalisât aussi promptement que l'aurait exigé l'intérêt bien entendu de ces puissances. Cependant c'est le sentiment de la communauté d'intérêts entre les États du continent qui, quelques années plus tard, a heureusement secondé les entreprises de la France en Grèce et en Afrique et paralysé l'opposition du cabinet anglais. C'est encore ce même sentiment qui a développé entre la France et la Russie une union assez intime pour qu'un projet de remanier les traités de 1815 ait été l'objet de leurs négociations. L'Angleterre put s'apercevoir alors que son égoïsme, devenu odieux à tous les cabinets, la condamnait à un isolement absolu. Si elle avait réussi à renverser le conseil amphictyonique formé en 1815 et à dissoudre le concert européen, l'Europe éclairée y avait substitué un concert continental devant lequel s'était brisée son opposition à la délivrance de la Grèce et à la déposition du dey d'Alger. Cette dernière victoire de la politique continentale était d'autant plus humiliante pour l'Angleterre, que déjà au congrès de Vienne, elle avait formellement refusé toute délibération sur les moyens d'affranchir du brigandage des régences barbaresques les États qui entourent la Méditerranée. Obligée de subir cette nouvelle et profonde atteinte à son influence, après avoir été déjà vaincue si souvent dans ses prétentions, l'Angleterre ne pouvait plus se relever que si une révolution nouvelle, en suscitant de nouveaux troubles dans les rapports du continent, venait rallumer les incendies qui alimentent la vie commerciale et politique de cette puissance insulaire. Ce fatal secours ne lui a pas manqué. Elle ne pouvait pas même souhaiter une révolution plus favorable que celle qui est venue renverser les descendants et les héritiers de la politique de Louis XIV pour placer sur le trône de France les héritiers du régent. Il n'est pas clairement démontré que le cabinet anglais ait concouru directement à la révolution qui l'a sauvé d'un isolement mérité, mais il est certain que ce cabinet a usé largement de ses rapports avec ceux qui, justement ou injustement, étaient mécontents des Bourbons de la branche aînée pour créer à leur gouvernement des embarras sérieux; et par là il a concouru d'une manière décisive, quoique indirecte, au triomphe de l'insurrection de juillet 1830. Il est également certain que, dans l'aveuglement de sa joie et dans l'égoïsme de sa politique, l'Angleterre n'a pas hésité à reconnaître le pouvoir issu de cette insurrection et à presser l'Europe de suivre son exemple (1).

(1) On doit se rappeler que ce patronage a été reconnu publiquement dans les débats parlementaires de 1840 et 1841.

IV.

1830 — 1848.

———

Les grandes puissances du continent, étourdies par ce bouleversement inattendu qui creusait un nouvel abîme entre elles et la France, se sont préoccupées uniquement du maintien de la paix matérielle et des moyens de se faire illusion sur la profondeur de l'abîme qu'on venait de couvrir d'un manteau royal.

Elles y étaient encouragées par l'attitude paci-

fique que prit tout d'abord le nouveau gouverne-
ment relativement aux traités de 1815, et par l'es-
poir que la révolution serait tôt ou tard vaincue
par un prince qu'une longue expérience des hom-
mes et des choses semblait avoir préparé pour
cette difficile entreprise.

Une seule puissance, la Russie, a paru compren-
dre la véritable portée de la révolution de 1830, au
point de vue des principes du droit constitutionnel
et du droit des gens ; seule elle a prévu que la puis-
sance des principes serait plus forte que celle de l'ex-
périence et du talent ; seule elle s'est refusée à ces
relations d'une fausse amitié et à ces reconnais-
sances douteuses, œuvres intéressées de l'ambition
britannique. C'est en vain que le cabinet de Paris
a envoyé à Saint-Pétersbourg un personnage ho-
noré de la bienveillance de l'empereur Nicolas,
c'est en vain que des communications confidentielles
de nature à satisfaire les partisans les plus pronon-
cés du principe de la légitimité ont été adressées
au czar, rien n'a pu le déterminer à sortir de sa ré-
serve, et, sans rompre les relations de peuple à

peuple, il a persisté avec une invincible opiniàtreté
à interrompre toute relation de souverain à sou-
verain (1).

Cette attitude de bienveillance équivoque ou de
défiance avouée des puissances continentales envers
la France servait admirablement les intérêts du ca-
binet anglais. D'une part, elle entraînait l'Europe
dans des armements considérables et ruineux, où
devaient s'engloutir les finances de tous les États;
d'autre part, elle rendait, pour longtemps, impos-
sible le rétablissement d'une alliance continentale,
car l'Angleterre n'avait plus seulement à exploiter
l'esprit révolutionnaire de quelques mécontents,
elle avait en quelque sorte à sa disposition le gou-
vernement révolutionnaire d'une grande nation, et
sur ce point d'appui nouveau elle devenait néces-
sairement l'arbitre des destinées de l'Europe.

Enfin, le désir ardent de tous les souverains de

____

(1) On peut affirmer que ces communications avaient été conformes
à celles de la nuit du 31 juillet. Quant à l'existence même de ces com-
munications, elle nous a été garantie par le marquis de Paulucci, qui
en avait reçu la certitude de la bouche même de l'empereur Nicolas,
auprès duquel il était en mission extraordinaire.

maintenir la paix ajoutait encore à la prépotence du cabinet britannique, qui, pouvant à son gré susciter ou étouffer la guerre, en faisait apparaître ou évanouir le fantôme selon les besoins de sa politique.

Tout ce qui s'est passé en Europe de 1830 à 1848 a été la conséquence de cette situation anormale. Les conférences diplomatiques ayant pour but de concilier les prétentions hostiles des puissances du continent, ont été désormais tenues à Londres; et, dans ce nouveau concert européen, ce n'est plus l'intérêt général qui a prononcé les décisions, c'est le cabinet britannique qui a régné sur les divisions qu'il avait fomentées. Tantôt il s'est servi de la France pour faire prévaloir ses prétentions contre l'Europe, et tantôt de l'Europe pour combattre les prétentions de la France.

La question d'Orient, qui embrassait les intérêts les plus considérables de l'Europe, est venue attester, dans ses développements successifs, cette fatale destinée de la politique continentale.

En 1833, dans la première période de ce grand

conflit, soulevé par l'aveugle ambition d'un pacha, lorsque la flotte russe vint forcer le passage du Bosphore et dicter à la Porte le traité d'Unkiar-Skelessi, la France, n'ayant plus le choix de ses alliances, fut appelée à suivre la politique de l'Angleterre, et peu s'en est fallu que la flotte française ne fût entraînée à forcer le détroit des Dardanelles à la suite de la flotte anglaise, pour assurer la prépondérance du cabinet britannique à Constantinople.

Dans la seconde période de la question d'Orient, à l'époque où la France soutenait les intérêts du pacha d'Égypte, c'est l'Europe que l'Angleterre a appelée à combattre les prétentions du cabinet français ; alors on a pu voir la conférence de Londres, scandale inouï, révélation éclatante de la perturbation que les événements de 1830 avaient créée, témoignage irrécusable de l'impuissance des hommes contre la logique des principes, on a pu voir la conférence de Londres signer, à côté de l'ambassadeur français, un traité qui rétablissait contre la France la vieille coalition de 1792.

Dans la question d'Espagne comme dans celle d'Orient, l'Angleterre a réussi longtemps à dominer tour à tour l'Europe par la France et la France par l'Europe. Le succès a été pendant longtemps aussi complet que l'Angleterre pouvait le désirer. Elle est même parvenue à obtenir le concours de la France contre le prétendant qui représentait l'intérêt français, et à scinder le continent en deux camps par la conclusion de la quadruple alliance.

Toutefois, le jour est arrivé où ce système d'intrigues diplomatiques, toujours favorable aux calculs de l'Angleterre, s'est retourné contre elle-même.

L'Espagne, fatiguée d'une protection trop exigeante, a osé s'en affranchir pour conclure un mariage qui blessait profondément l'influence de la politique anglaise dans la Péninsule. Le cabinet de Londres a voulu cette fois, comme en 1840, soulever les puissances continentales contre la France ; mais l'Europe, plus attachée que jamais à son système pacifique, n'a pas cru nécessaire de le compromettre comme en 1840. Il lui était d'ailleurs bien difficile de comprendre qu'un mariage de la maison d'Orléans avec la maison d'Anjou fût plus menaçant, pour son repos, que ne l'avait été l'expédition française de 1823, et lord Palmerston s'est vainement efforcé de reconstituer une coalition pour défendre des clauses plus ou moins explicites du congrès d'Utrecht.

Vaincue dans le système de bascule qui, depuis dix-sept ans, avait assuré le triomphe de ses intérêts dans toutes les questions, l'Angleterre n'avait plus qu'une ressource pour soutenir son influence : c'était d'appeler à son aide les mécontents de tous les pays, et de susciter des révolutions nouvelles sur le continent. Il fallait une audace peu commune pour entrer dans cette voie à une époque où les sociétés étaient si profondément ébranlées par les passions révolutionnaires, et où tous les pouvoirs étaient plus ou moins minés par l'action des sociétés secrètes. Mais l'Angleterre, qui possède les hommes d'État les plus éclairés et les plus habiles, possède aussi les plus aventureux : elle peut compter en même temps, dans le maniement des affaires, sur le privilége de la prudence et sur le privilége de l'audace; dans les circonstances où la sagesse hésite, la témérité arrive à son secours. Il s'est trouvé en 1847 un ministre des affaires étrangères qui s'est armé sans scrupule de la force gigantesque que M. Canning avait léguée à son pays, et qui s'est précipité en *compétiteur* sur l'Espagne, la Suisse, l'Italie et la France, qui ne voulaient pas de l'Angleterre pour *arbitre*. C'est à lord Minto que fut confiée la mission de soulever tous les mécontents de l'Italie et de la Suisse. Ce que les démagogues avaient fait dans les premiers jours de la révolution de 1830, a été renouvelé en 1847 par la diplomatie anglaise, afin d'entraver les efforts que faisait la dynastie d'Orléans pour réunir la France à l'Europe, et afin de punir l'Espagne et l'Autriche d'avoir secoué le joug de l'influence britannique.

Les relations de l'Angleterre avec les mécontents de la Sicile étaient les plus anciennes et les plus étroites; c'est dans cette île que l'explosion a commencé. De là l'incendie s'est répandu successivement dans le royaume de Naples, la Toscane, le

Piémont, les États lombardo-vénitiens et les États romains. Dans ce dernier pays, l'influence de lord Minto n'a pas été aussi apparente que dans le reste de l'Italie, parce que la présence d'un envoyé anglais à Rome ne pouvait se prolonger sans soulever des représentations, au sein même de l'Angleterre ; mais cette influence n'a pas été moins réelle et moins funeste, car elle est parvenue à troubler le développement régulier et pacifique des réformes que le pape Pie IX avait inaugurées. Les salons de lord Minto ont été, à Rome comme à Naples et à Turin, le rendez-vous de tous les mécontents ; c'est là qu'ils venaient chercher des inspirations et même, il faut bien le dire, jusqu'au mot d'ordre de leurs manifestations (1).

Ceux qui accusent Pie IX d'avoir donné le premier élan aux passions qui ont bouleversé l'Europe, sont involontairement, sans doute, mais très-réellement coupables d'une partialité inconsidérée en-

____

(1) Nous tenons, d'un de ces illustres mécontents, qu'il est allé concerter lui-même chez les agents anglais la plupart des manifestations politiques.

vers le pape, et d'une complaisance aveugle envers l'Angleterre. Sans doute il est commode, pour tous ceux qui ont pu contribuer à susciter les désordres de 1848, d'en renvoyer la responsabilité à Pie IX ; mais c'est le contraire qui est vrai : c'est l'explosion de la révolution de février qui est venue achever ce que l'Angleterre avait commencé ; c'est du dehors que sont venus les désordres qui ont ruiné et ensanglanté l'Italie ; en supposant même que l'agitation de la Péninsule ait été elle-même une sorte d'encouragement au mouvement révolutionnaire qui a emporté le monde, c'est aux intrigues anglaises qu'il est juste de s'en prendre ; c'est l'égoïsme britannique qui a sacrifié l'intérêt de ses plus anciens alliés, de l'Autriche en particulier, aux besoins de la vengeance ; c'est cet égoïsme qui a soulevé en Italie toutes les questions de liberté intérieure et extérieure, capables de bouleverser le pays, et en même temps de compromettre les relations des cabinets de Vienne et de Paris.

Si quelques doutes pouvaient exister sur cette influence révolutionnaire du cabinet britannique dans es affaires d'Italie ; si la main qui agitait Rome est restée habilement cachée sous des dehors de bienveillance, on ne peut pas fermer les yeux à ce qui s'est passé en Suisse. Les partis qui divisaient l'Europe y étaient en présence, les principes étaient opposés publiquement aux principes ; la lutte engagée entre les cantons suisses était celle qui était plus ou moins déclarée partout entre les gouvernements et leurs ennemis. Les hommes d'État clairvoyants avaient compris que l'âme de la révolution était là ; de son côté, la diplomatie avait pu découvrir que la révolution n'y était pas seulement en esprit mais en corps, par la présence et les excitations personnelles des fauteurs d'anarchie. Cette fois, la place de l'Angleterre était marquée à côté de l'Autriche et de la Prusse, et c'est au milieu des corps francs, pour ainsi dire, que le ministre anglais s'est montré ; c'est à leurs tentatives criminelles qu'il a prêté son déloyal concours (1).

(1) C'est lord Minto qui a porté les premiers encouragements aux révolutionnaires suisses. Il a eu, à son passage à Berne, plusieurs conférences avec le chef des corps francs, M. Ochsenbein. Dans la suite des

On sait quel a été le résultat de cette politique odieuse et machiavélique dans les événements de la Suisse, et quelle influence la révolution a exercée sur les destinées de l'Europe elle-même. On a pu apprécier également, depuis deux ans, les avantages que l'Angleterre a recueillis de la débâcle de tous les gouvernements qui avaient osé refuser l'Angleterre pour arbitre. Mais ce triomphe visible de l'influence anglaise, quelque considérable qu'il soit, est encore au-dessous du triomphe que le monde n'a pas vu : à côté de la victoire connue de tous, il y a une victoire inconnue, qui donne à la première une nouvelle importance. Il s'en est fallu de quelques jours seulement que la vieille Europe ne reconstituât l'alliance continentale, brisée une première fois par la révolution de 1830, et n'arrachât au ministère anglais le prix de ses longues et audacieuses intrigues.

événements, c'est M. Peel qui a continué la politique de lord Minto, et dit au général Dufour d'*en finir vite* avec le Sonderbund, au moment même où lord Palmerston signait avec les puissances continentales un *memorandum* qui devait suspendre les hostilités en Suisse.

Justement irritées des alliances démagogiques
de l'Angleterre, impatientes de réprimer cette pro-
pagande souterraine, et de neutraliser les moyens
criminels de domination que l'esprit de révolution
assure au cabinet de Londres, les puissances con-
tinentales avaient dû sentir le besoin de combattre
le désordre par des efforts communs et indépen-
dants de la puissance qui donnait en secret la
main aux mécontents. Tandis que l'affaire spéciale
du *Sonderbund* semblait occuper exclusivement
l'activité de l'ambassadeur de France en Suisse, il
négociait secrètement, et même à l'insu de la plu-
part des membres du cabinet français, une al-
liance continentale avec la Russie, la Prusse et
l'Autriche, pour donner à l'action future des ca-
binets sur la paix de l'Europe une autorité plus
irrésistible et une unité plus imposante. Cette né-
gociation était même arrivée à un heureux résul-
tat au commencement de 1847, et un projet de
traité, adopté par les plénipotentiaires réunis en
Suisse, avait été présenté à l'assentiment du roi
Louis-Philippe.

Cette conclusion inattendue d'une alliance continentale était un fait grave et décisif dans les rapports des États européens. C'était, d'une part, l'admission de la dynastie d'Orléans dans le cercle des dynasties légitimes, et, d'autre part, l'isolement et l'affaiblissement de la politique anglaise. Une révolution si complète et si inespérée dans l'équilibre européen, un retour si naturel de la France à ses véritables alliances, une revanche si inespérée du traité du 15 juillet 1840, étaient de nature à satisfaire les vœux les plus ardents et les plus légitimes du cabinet de Paris; mais, au moment de signer cet acte important, le chef de la maison d'Orléans, soit qu'il ne se crût pas assez fort pour rompre avec le parti révolutionnaire au dedans, soit qu'il ne pût se résoudre à briser définitivement une alliance qui avait été, depuis le régent, un fidéicommis héréditaire dans sa famille, le chef de la maison d'Orléans laissa tomber de sa main fatalement paralysée la plume qui pouvait changer le sort de l'Europe.

On vit alors s'éloigner de Paris deux envoyés

extraordinaires des grandes cours du continent,
sans emporter la signature qu'ils étaient venus
chercher (1). Cependant la défaite du Sonderbund
et l'appui donné aux intrigues révolutionnaires par
le cabinet anglais avaient fait comprendre plus que
jamais la nécessité de reconstituer, si ce n'est dans
toute sa portée, du moins dans l'intérêt du main-
tien de la tranquillité, l'alliance continentale brisée
en 1830, et la négociation abandonnée un moment
fut reprise avec ardeur. Les plénipotentiaires, qui
avaient réussi une première fois à s'entendre, ne
tardèrent pas à se mettre de nouveau d'accord;
un second pacte d'alliance continentale fut adopté
par eux, et, cette fois, le chef de la maison d'Or-
léans, oubliant tous ses scrupules devant l'intérêt
et les nécessités du moment, paraissait décidé à
signer le traité qui le séparait du cabinet anglais;
il avait même arrêté que les ratifications seraient
échangées dans les premiers jours de mars!...
Il n'est pas besoin de dire comment cette seconde

____

(1) Le général Radowitz et le comte Colloredo.

ratification a échoué, ni de scruter témérairement l'avenir qui peut se révéler dans ce coup d'État de la Providence. Mais il est impossible de ne pas remarquer que c'était une victoire nouvelle de la révolution, qui venait encore sauver l'Angleterre de l'isolement que sa politique égoïste avait fait autour d'elle.

Voilà donc deux fois en moins de vingt ans que la politique anglaise lutte contre les progrès du droit public, deux fois qu'elle réussit à reconstituer son influence en suscitant un antagonisme d'intérêts et de principes et en soulevant des haines implacables qui suspendent la marche de la civilisation continentale; deux fois que l'Europe fait de légitimes efforts pour se soustraire à la tyrannie des prétentions anglaises, et deux fois que le parti révolutionnaire vient fomenter l'insurrection et la guerre civile au cœur du continent, afin, sans doute, de payer au cabinet anglais la dette toujours exigible de sa criminelle reconnaissance !...

On pouvait alléguer autrefois que l'Angleterre donnait la main au développement de la civilisation; l'illusion était possible lorsque la révolution était à son premier acte; on conçoit même encore l'erreur de ceux qui ont cru, en 1830, à la sincérité des sympathies anglaises pour ce qu'ils appelaient notre révolution de 1688. Mais en 1847, lorsque les gouvernements établis dans presque toute l'Europe pouvaient se vanter de jouir des libertés constitutionnelles, lorsque la charte anglaise avait servi de modèle à toutes les chartes, ce n'est plus à la liberté mais à la licence que l'Angleterre a accordé son appui; ce n'est plus au secours de la civilisation qu'elle est venue en France, en Allemagne, en Italie et en Suisse, mais au secours de la plus honteuse barbarie. Le crime est éclatant, les conséquences en sont terribles, et s'il est encore des esprits assez aveugles pour se laisser tromper, si l'audace et l'insolence des prétentions de l'Angleterre ne soulèvent pas tous les peuples à la fois, c'est que l'heure dernière des révolutions n'a pas sonné, c'est que la Providence a encore besoin d'un fléau pour nous frapper.

Nous sommes parvenus à l'année 1848; les évé-

nements qui se sont succédé depuis cette époque
sont trop présents à nos souvenirs pour qu'il soit
nécessaire de les rappeler en détail ; il suffira de les
apprécier en peu de mots, afin de préciser la situa-
tion des choses en Europe et d'indiquer le parti
qu'elle peut adopter aujourd'hui pour surmonter
les périls qui sont venus l'assaillir.

V.

1848.

———

La chute du Sonderbund avait révélé au monde,
qui se berçait d'illusions, deux faits avant-cou-
reurs du désordre : la désunion du parti conserva-
teur et l'autorité toujours croissante des principes
révolutionnaires. On avait vu avec une grande in-
quiétude les grandes puissances abandonner pu-
bliquement une cause qu'elles avaient secrètement
encouragée, et le roi de Prusse payer l'amende que
les vainqueurs avaient imposée au canton de Neuf-

châtel. Les principes n'étaient pas seuls vaincus, dans cette circonstance ; les cabinets eux-mêmes s'é-taient reconnus impuissants. La révolution n'avait qu'à s'établir sur un point pour triompher sur toute la ligne. La révolution a surpris Paris le 24 février, et quelques semaines lui ont suffi pour faire le tour de l'Europe.

Berlin, Vienne, Milan, ont suivi l'exemple de Paris ; bientôt le désordre a été universel, et les pouvoirs qui n'étaient pas renversés semblaient n'attendre eux-mêmes que l'heure de leur chute. Une seule planche de salut restait à l'Europe : c'était l'excès du mal. Si l'esprit révolutionnaire avait pu se défendre de ses propres égarements, pas un trône ne serait resté debout.

Mais la démocratie, fière de ses succès en France, a voulu atteindre d'un seul bond, à Vienne comme à Paris, les dernières conséquences de ses prin-cipes. Dans son aveugle précipitation elle a dépassé la mesure de ses forces, et l'Europe a été sauvée.

Les monarchies prussienne et autrichienne, un moment ébranlées, ont courbé la tête devant l'orage qui éclatait en même temps sur toute l'Europe; mais leurs racines étaient trop profondes pour céder à ce premier assaut. Les insurrections, que des intrigues étrangères avaient suscitées, ont vainement lutté pour triompher de la fidélité héréditaire des armées allemandes, et la révolution, un moment victorieuse au delà du Rhin, a bientôt cédé le terrain qu'elle avait usurpé par surprise. Les traités, que la révolte avait abolis ou menacé d'abolir en Italie, ont été raffermis par l'épée d'un vieux capitaine, et toutes les blessures faites à l'œuvre du congrès de Vienne ont été pour ainsi dire cicatrisées. Ce succès glorieux et inespéré, dû particulièrement aux efforts des armées autrichiennes, a été un hommage au principe sacré de la sainteté des traités, et un service rendu à la civilisation elle-même, qui ne peut se développer que sous l'empire incontesté des principes d'ordre et de justice; mais si le droit est du côté des cabinets qui ont rétabli les traités, l'ordre peut-il se reconstituer d'une manière durable sur les bases posées en 1815?

Les hommes politiques en France et en Allemagne comprennent aujourd'hui qu'il faut remonter au delà du 24 février, pour trouver les causes du désordre qui trouble la paix intérieure des États; et dans cet examen du passé, il est bien peu de législateurs qui ne reconnaissent leur participation souvent involontaire, mais trop réelle, aux progrès de la révolution sociale qu'ils veulent arrêter aujourd'hui. Ils comprennent surtout qu'il est nécessaire d'en finir avec les principes de la révolution, si on veut sauver la société des dangers qui l'entourent et assurer les conquêtes que la civilisation avait faites depuis plusieurs siècles.

Dans les questions de droit public européen, les législateurs doivent également comprendre qu'ils ont des reproches à se faire. Les diplomates du congrès de Vienne peuvent justement s'accuser d'avoir eux-mêmes encouragé les usurpations révolutionnaires en consacrant, sous des noms nouveaux, les usurpations accomplies depuis 1792; il est temps enfin de reconnaître que, dans le droit des gens comme dans le droit national, il faut éta-

blir des principes inviolables et sacrés, sous peine
de voir la paix et la prospérité des peuples s'anéan-
tir dans une lutte incessante de vengeance et de
représailles, qui mettent le droit du fait accompli
au-dessus du véritable droit.

Mais sur quelles bases peut-on raffermir aujour-
d'hui l'édifice du droit public?

Il faut le dire, afin de simplifier cette première
question, il ne s'agit pas de procéder à une refonte
générale des traités de 1815. Le problème est moins
compliqué.

Le temps a donné à certains actes la sanction
que leur refusait en 1815 l'esprit de justice, et il
serait insensé de revenir sur les décisions que les
peuples eux-mêmes ont acceptées sans murmurer;
leur assentiment tacite doit imposer silence à ceux
qui seraient tentés de leur donner des droits qu'ils
ne revendiquent pas. Il y a même des protestations
dont il n'est pas permis de tenir compte, lorsque les
événements en ont emporté le souvenir éphémère;
le monde marche, les idées se renouvellent, et les

intérêts du passé sont quelquefois confondus dans les intérêts du présent.

Après avoir fait cette juste part aux traités de 1815, il importe aussi de reconnaître la puissance des souvenirs vivants dans l'esprit des peuples et le privilége des protestations courageuses et constamment renouvelées; protestations qui révèlent plutôt une réaction légitime qu'une tendance révolutionnaire, et ici nous rencontrons, en faveur du droit des nationalités, le jugement d'un écrivain peu suspect. « Le plus grand malheur pour l'homme « politique, a dit M. de Maistre, c'est d'obéir à une « puissance étrangère; aucune humiliation, aucun « tourment de cœur, ne peut être comparé à celui- « là. » Plus loin il ajoute : « L'étranger qui vient « commander chez une nation sujette, au nom d'une « souveraineté lointaine, au lieu de s'informer des « idées nationales pour s'y conformer, ne semble « trop souvent les étudier que pour les contrarier; « il se croit plus maître à mesure qu'il appuie plus « rudement la main. »

On peut dire, avec M. de Maistre, que là où une puissance reste étrangère aux idées nationales d'un peuple, là où la fusion est devenue impossible, le droit public a une mission à remplir; mission de réparation et de justice dont il serait facile de trouver des exemples dans ce qui a été fait pour la Grèce et la Belgique. Il importe sans doute de résister à l'esprit de révolution, et de resserrer les liens des peuples qui ont associé librement leurs destinées; mais il importe également de respecter le véritable esprit de nationalité, et d'écouter les vœux des peuples qui demandent à s'affranchir du joug d'une suzeraineté étrangère.

Tels sont les principes généraux de droit public qui semblent le plus conformes à un véritable esprit de justice; principes acceptables par toutes les puissances de l'Europe, quelle que soit d'ailleurs la différence de leurs situations, et seuls capables de rétablir les bonnes relations entre tous les États. On comprendra la juste réserve qui commande de ne pas sortir ici des principes généraux pour donner la solution des questions pendantes; il suffit d'é-

noncer une seule de ces questions, celle de Neuf-
châtel, par exemple, pour montrer que les traités
de 1815 avaient établi des situations qui ne pou-
vaient pas durer. Le canton était soumis, comme
État politique, aux lois de la confédération ; de son
côté, le roi de Prusse n'était en quelque sorte que le
préfet d'un département helvétique ; il est évident
que ni les intérêts ni la dignité des deux parties ne
peuvent exiger le rétablissement d'un ordre de cho-
ses aussi équivoque et aussi incohérent ; une solution
nouvelle est nécessaire, et doit être agréée par les
puissances qui ont garanti la neutralité de la Suisse.
D'un autre côté, nous voyons les cabinets euro-
péens, notamment la Prusse et l'Autriche, forcés
de négocier une réforme de la confédération ger-
manique, et dans ce travail de reconstitution l'in-
tervention de l'Europe est encore nécessaire. On ne
peut pas abandonner à l'Autriche et à la Prusse le
droit de régler exclusivement une question dont
plusieurs points se rattachent au droit public et à
l'équilibre général de l'Europe. Ce serait la pre-
mière fois, depuis le traité de Westphalie, que les

cabinets de Vienne et de Berlin auraient obtenu ce privilége.

Lorsque tant de questions d'intérêt général ont été soulevées, tant de faits accomplis en opposition avec les actes du congrès de Vienne, il est évident que les bonnes relations de l'Europe ne peuvent plus reposer sur l'édifice des traités de 1815, et qu'il faut à l'Europe civilisée une nouvelle charte qui garantisse la sécurité de ses rapports et de ses intérêts. Tel est le but que les peuples doivent se proposer, tel est le résultat utile et glorieux auquel ils doivent concourir, non dans des vues personnelles et intéressées, mais en s'inspirant de la politique qui avait uni les souverains en 1815, et que l'empereur Alexandre résumait au congrès de Vérone dans ces nobles paroles : « Il ne peut plus y avoir de politique anglaise, française, russe, prussienne, autrichienne; il n'y a plus qu'une politique générale qui doit, pour le salut de tous, être admise en commun par les peuples et par les rois.

« Il doit être permis aux rois d'avoir des alliances publiques pour se défendre contre les sociétés secrètes. Qu'est-ce qui pourrait me tenter? Qu'ai-je besoin d'accroître mon empire? La Providence n'a pas mis à mes ordres huit cent mille soldats pour satisfaire mon ambition, mais pour protéger la religion, la morale et la justice, et pour faire régner les principes d'ordre sur lesquels repose la société humaine (1). »

Si ces paroles étaient vraies en 1823, leur opportunité doit être plus évidente aujourd'hui. Ce n'est pas trop de l'union de tous les États pour lutter contre les ennemis de l'ordre social; ce n'est pas trop de sacrifier les rivalités que la politique des siècles passés a léguées aux nations pour assurer le triomphe de la religion sur l'athéisme, du droit sur l'usurpation, et de l'ordre sur l'anarchie.

Mais où est aujourd'hui le congrès souverain qui pourra discuter et résoudre ces grandes questions? Où est le pouvoir, non-seulement en France, mais dans le reste de l'Europe, qui ait assez de confiance dans sa durée pour prendre des engage-

____

(1) Congrès de Vérone, par M. de Chateaubriand, 1, 222.

ments sérieux ? Quelque justes que soient les griefs
d'un grand nombre de puissances contre les trai-
tés de 1815, il semble impossible de songer en
ce moment à un remaniement sérieux de ces sti-
pulations. Pour faire mieux que le congrès de
Vienne, il faudrait avoir au moins les moyens d'ac-
tion dont il a disposé, et, par-dessus tout, cette
unité de principes qui permettait aux gouverne-
ments de s'entendre dans le présent et de s'engager
dans l'avenir. Si la république française était fondée,
comme l'était celle de Venise, sur le droit national
et traditionnel, aucun roi de l'Europe, c'est-à-dire
aucun gouvernement traditionnel ne ferait difficulté
d'ouvrir avec elle des négociations dont la néces-
sité est généralement reconnue. Mais, entre des
États où le droit traditionnel est encore debout et
des États qui datent de la veille, sans pouvoir comp-
ter sur un lendemain, une délibération touchant
des intérêts si considérables est impossible. On est
réduit, dans ces circonstances, à veiller aux seuls
intérêts du moment, à chercher en commun la so-
lution des crises à mesure qu'elles se présentent, à

épuiser les trésors des peuples en armements con-
sidérables, et à recommencer l'œuvre laborieuse
des dix-huit années qui ont suivi la révolution de
1830.

Dans des temps où les relations des puissances
européennes étaient plus profondément troublées,
lorsque les guerres religieuses avaient ébranlé
tous les États et allumé dans le cœur des peu-
ples des haines qui semblaient irréconciliables, le
congrès de Munster a réussi, grâce à l'unité des
principes politiques qui dominait alors en Europe,
à désarmer ces haines et à faire cesser les guerres
de religion. Si les questions qui menacent aujour-
d'hui de troubler le repos de l'Europe, comparées à
celles qui ont été résolues par la paix de Westpha-
lie, sont d'une importance peu considérable, elles
sont devenues, par le triomphe de la révolution sur
quelques points de l'Europe, plus graves et plus in-
solubles que toutes celles qui ont été posées aux con-
grès de Munster et de Vienne ; et, sous l'influence
fatale de cette situation révolutionnaire, la grande
charte du droit international ne peut être revisée.

En dehors de l'unité de principes, on ne peut re-
monter jusqu'à la source du mal ni donner satisfac-
tion aux réclamations légitimes des peuples qui souf-
frent du sort que leur avait fait le congrès de Vienne.
Il faut nécessairement attendre que les principes
d'ordre aient succédé aux principes de révolution,
pour que le *droit de la justice remplace le droit de
la conquête*, et qu'un congrès général de l'Europe,
éclairé par les imposantes leçons de l'expérience,
puisse donner à tous les vœux et à tous les inté-
rêts légitimes de justes satisfactions. C'est donc à
vous, qu'on appelle rois, c'est à vous, peuples,
que s'adressent aujourd'hui ces paroles :

Et nunc intelligite et erudimini qui judicatis terram!

ÉPILOGUE.

Restaurer le droit divin dans l'ordre social, et le droit traditionnel dans l'ordre politique; rétablir la force du droit partout où le droit de la force a prévalu, est-ce bien donner le remède aux maux qui accablent la France et l'Europe? Est-ce offrir le bouclier contre lequel viendront s'émousser les traits des nouveaux barbares qui assiégent les sociétés? N'est-il pas futile et téméraire de débattre les théories du droit social et du droit politique quand l'ennemi est à nos portes?

En ce qui regarde l'Europe, nous avons reconnu d'avance l'à-propos de ces questions; nous savons que le rétablissement de l'ordre, en France, doit précéder toute restauration du droit public européen.

En ce qui regarde la France, ces questions peuvent préoccuper les hommes politiques qui demandent qu'on resserre l'union de la majorité, sans s'embarrasser des principes qui la divisent, et qui pensent que, dans l'état des esprits, un homme sérieux ne doit avoir d'autre ambition que celle de mettre quelques pièces neuves à la constitution.

Cependant, sans méconnaître l'état de l'opinion en France, nous croyons pouvoir justifier l'utilité et l'opportunité des considérations que nous avons présentées.

On demande l'union, abstraction faite des principes, comme si cette union n'existait pas aujourd'hui; comme s'il était permis de faire au parti de l'ordre l'injure de le rendre responsable de quelques dissidences. Avouons-le plutôt avec franchise, il y a plus d'un an que la majorité s'agite dans cette union factice; quel fruit en a-t-elle recueilli? Qu'a-t-elle fait du 29 janvier et du 13 juillet 1849? Elle a vaincu, mais elle n'a pas su profiter de la victoire; ou, pour mieux dire, elle ne l'a pas pu : l'union, sans unité de vues, a été impuissante et stérile, elle n'a pas fait reculer les ennemis de l'ordre, on pourrait dire plutôt qu'elle leur a abandonné du terrain.

On s'étonne de la force des socialistes, c'est de la faiblesse des amis de l'ordre qu'il convient de s'étonner. Il y a toujours eu et il y aura toujours des esprits mécontents et des fauteurs d'insurrection, impatients de renverser l'ordre social et politique; mais l'ordre a toujours eu également des partisans qui l'ont soutenu et qui ont triomphé de ses ennemis. C'est la lutte du bien et du mal; elle est aussi ancienne que le monde. Savez-vous pourquoi, aujourd'hui, les chances semblent défavorables aux gens de bien? C'est parce que les socialistes ont des armes, tandis que les amis de l'ordre n'en ont pas; parce que les premiers sont dévoués à un principe de mal et de ruine, tandis que les seconds n'ont foi en aucun principe; parce que les premiers veulent résolûment la destruction de l'ordre établi, tandis que les seconds ne savent pas ce qu'ils veulent. Nous avons dit qu'il y avait dans le grand parti de l'ordre des hommes qui ont une foi sociale et politique, seule contradiction absolue des hérésies socialistes, des hommes qui ont une arme éprouvée pour combattre les ennemis de la société, des hommes qui peuvent opposer un principe à un principe; aurions-nous eu tort de faire connaître ces hommes et ces principes, et de les montrer sous leur véritable jour? Pourquoi cette œuvre serait-elle inopportune? Est-ce au nom sacré de l'union qu'on viendrait nous reprocher de dire sur quel terrain elle peut être sincère, sérieuse et féconde? Est-ce qu'il existe un moyen plus loyal de la servir?

Quel moment, d'ailleurs, serait plus favorable pour encourager cette union? La Providence semble avoir voulu elle-même aplanir les voies.

Le parti de l'ordre tout entier dit aujourd'hui de la révolution de février, de ses surprises et de ses égarements, ce que nous avons dit constamment de la révolution de juillet. Il pense du dogme de la nécessité invoqué par M. de Lamartine, pour expliquer sa défection, ce que nous avons toujours pensé de ce même dogme, invoqué, il y a vingt ans, par M. de Broglie. Les ambitions personnelles, les illusions de l'amour-propre, les préjugés de naissance et d'éducation auraient-ils donc le pouvoir de diviser indéfiniment des hommes qui tiennent aujourd'hui le même langage sur des questions si fondamentales? Est-ce qu'il faut encore de nouveaux coups d'État de la Providence et de nouveaux malheurs, pour inspirer une juste confiance dans les principes sociaux et politiques dont l'épreuve a été si favorable au développement de la civilisation? LA FRANCE peut compter assurément sur CELUI QUI LA PROTÉGE, mais il ne faut pas qu'elle reste sourde à tous les avertissements.

A l'œuvre donc ceux qui ont vu la lumière: qu'ils aient le courage de leur opinion; qu'ils osent confesser leur foi devant ceux qu'ils ont contribué à égarer; plus l'exemple viendra de haut, plus il sera entraînant. Jamais il ne sera plus nécessaire de ressusciter, en France, la foi de Jeanne d'Arc, car l'ennemi du dehors donne toujours la main à l'ennemi du dedans. Jamais l'occasion ne sera plus belle et plus décisive pour les hommes de cœur et pour les bons citoyens, car il s'agit du salut de la patrie et de la civilisation.

APPENDICE.

—

PREMIÈRE PARTIE.

N° 1.

Les assemblées de 89, 90 et 91, commençaient déjà à tomber dans les contradictions, comme on le verra dans le titre suivant, où le droit de révision semble à la fois limité et illimité. On y trouve le droit traditionnel et le droit révolutionnaire confondus.

TITRE VII.

De la révision des décrets constitutionnels.

Art. 1er. L'Assemblée nationale constituante déclare que la nation a le DROIT IMPRESCRIPTIBLE DE CHANGER SA CONSTITUTION ; et néanmoins, considérant qu'il est plus conforme à l'intérêt national d'USER SEULEMENT, par les moyens pris dans la constitution même, DU DROIT D'EN RÉFORMER LES ARTICLES dont l'expérience aurait fait sentir les inconvénients, décrète qu'il y sera procédé par une assemblée de révision, en la forme suivante.

2. Lorsque trois législatures consécutives auront émis un vœu uniforme pour le changement de quelque article constitutionnel, il y aura lieu à la révision demandée.

3. La prochaine législature et la suivante ne pourront proposer la réforme d'aucun article constitutionnel.

4. Des trois législatures qui pourront par la suite proposer quelques changements, les deux premières ne s'occuperont de cet objet que dans les deux derniers mois de leur dernière session, et la troisième à la fin de la première session annuelle, ou au commencement de la seconde.

Leurs délibérations sur cette matière seront soumises aux mêmes formes que les actes législatifs; mais les décrets par lesquels elles auront émis leur vœu ne seront pas sujets à la sanction du roi.

5. La quatrième législature, augmentée de deux cent quarante-neuf membres élus en chaque département, par doublement du nombre ordinaire qu'il fournit pour sa population, formera l'assemblée de révision.

Ces deux cent quarante-neuf membres seront élus après que la nomination des représentants au corps législatif aura été terminée, et il en sera fait un procès-verbal séparé.

L'assemblée de révision ne sera composée que d'une chambre.

6. Les membres de la troisième législature qui aura demandé le changement, ne pourront être élus à l'assemblée de révision.

7. Les membres de l'assemblée de révision, après avoir prononcé tous ensemble le serment de *vivre libres ou mourir*, prêteront individuellement celui de SE BORNER *à statuer sur les objets qui leur auront été soumis par le vœu uniforme des trois législatures précédentes; de maintenir au surplus, de tout leur pouvoir, la constitution du royaume, décrétée par l'Assemblée nationale constituante aux années 1789, 1790 et 1791, et d'être* EN TOUT FIDÈLES A LA NATION, A LA LOI ET AU ROI.

8. L'assemblée de révision sera tenue de s'occuper ensuite, et sans délai, des objets qui auront été soumis à son examen : aussitôt que son travail sera terminé, les deux cent quarante-neuf membres nommés en augmentation se retireront sans pouvoir prendre part, en aucun cas, aux actes législatifs.

———

N° 2.

Nous croyons devoir réunir ici quelques documents qui justifient ce que nous disons de l'esprit religieux de Washington. Il sera même intéressant de voir comment il a pu arriver à des extrémités qui exciteraient chez nous de justes réclamations.

Ordre du jour de Washington à son régiment.

Le colonel Washington a remarqué que les hommes de son régiment sont très-irréligieux et relâchés dans leurs mœurs. Il saisit cette occasion pour leur faire connaître le profond déplaisir que lui font éprouver de pareilles habitudes, et les assurer que, s'ils ne s'en départent pas, leur punition sera sévère. Les officiers sont invités, s'ils entendent un soldat jurer ou employer un terme d'exécration, à condamner le coupable à *recevoir immédiatement vingt-cinq coups de fouet, sans qu'il soit nécessaire pour cela de convoquer une cour martiale. Si la faute se renouvelle, elle sera châtiée encore avec plus de rigueur.*

Ordre du jour du 17 décembre 1777.

C'est demain le jour marqué par l'honorable congrès pour des actions de grâces à rendre publiquement à Dieu. Le devoir nous appelant tous à exprimer humblement notre reconnaissance envers la Providence, qui a tant de fois béni nos drapeaux, le général ordonne que l'armée restera dans les quartiers qu'elle occupe, et invite les chapelains à célébrer le service divin pour les différents régiments et brigades ; *il exhorte instamment tous les officiers et soldats* dont l'absence n'est pas indispensable, *à assister avec recueillement à cette solennité.*

Circulaire de Washington aux gouverneurs d'États; au sujet du licenciement de l'armée (8 juin 1783).

Je forme le vœu ardent que Dieu vous garde, vous et l'État que vous dirigez sous sa sainte protection; qu'il entretienne dans le cœur des citoyens l'esprit de *subordination et d'obéissance* envers le gouvernement, une affection fraternelle envers tous leurs compatriotes des États-Unis en général, et particulièrement envers ceux de leurs frères qui ont servi, sur le champ de bataille, la cause de la liberté; enfin, qu'il veuille bien disposer notre cœur à l'amour de la justice, au goût de la miséricorde, pour que nous pratiquions cette charité, cette humilité, cette douceur qui forment *les attributs caractéristiques du divin auteur de notre sainte religion : car il n'y a pas d'exemple qu'une nation puisse être heureuse, si elle n'observe humblement ces règles et ne se pénètre de ces vertus.*

DEUXIÈME PARTIE.

N° 3.

L'importance des questions soumises au congrès de Vienne se trouve expliquée par l'énumération même contenue dans un document intitulé : *Note semi-officielle sur la marche des congrès.* Nous y trouvons les détails suivants :

« Les congrès avaient eu pour but de terminer, par un traité de paix, des conflits prêts à éclater ou des luttes déjà engagées.

« Le congrès de Vienne a trouvé la paix faite, et les puissances qui y étaient représentées avaient à s'entendre sur des questions dont la solution avait été préparée d'avance.

« Les objets à traiter au congrès étaient :

« Le rétablissement général ou partiel de la Pologne comme État indépendant ;

« Le sort du royaume de Saxe et de quelques autres États d'Allemagne ;

« La constitution fédérative des États d'Allemagne et leurs constitutions particulières, principalement par rapport à l'établissement d'un système représentatif ;

« Le sort et les limites de la Belgique ;

« Le sort de divers États de l'Italie ;

« Les prétentions de l'Espagne aux duchés de Parme et de Plaisance ;

« La restitution d'Olivença demandée par le Portugal ;

« L'organisation de la Suisse ;

« L'abolition de la traite des nègres ;

« Des mesures à prendre contre les pirateries des États barbaresques. »

N° 4.

Traité conclu à Chaumont, le 1ᵉʳ mars 1814.

S. M. I. et R. A. l'empereur d'Autriche, roi de Hongrie et de Bohême; S. M. l'empereur de toutes les Russies : S. M. le roi du royaume-uni de la Bretagne et de l'Irlande, et S. M. le roi de Prusse, ayant fait parvenir au gouvernement français des propositions pour la conclusion d'une paix générale; et désirant, en cas que la France refusât les conditions de cette paix, resserrer les liens qui les unissent pour la poursuite vigoureuse d'une guerre entreprise dans le but salutaire de mettre fin aux malheurs de l'Europe, d'en assurer le repos futur par le rétablissement d'un juste équilibre des puissances; et voulant en même temps, *si la Providence bénissait leurs intentions pacifiques,* déterminer les moyens de maintenir contre toute atteinte l'ordre de choses qui aura été l'heureux résultat de leurs efforts, sont convenus de sanctionner par un traité solennel, signé séparément par chacune des quatre puissances avec les trois autres, ce double engagement :

Aʀᴛ. 1ᵉʳ. Les hautes parties contractantes s'engagent solennellement l'une envers l'autre, par le présent traité, et pour le cas où la France refuserait d'accéder aux conditions de la paix proposée, de consacrer tous les moyens de leurs États respectifs à la poursuite vigoureuse de la présente guerre contre elle, et de les employer dans un parfait concert, afin de se procurer à elles-mêmes et à l'Europe une paix générale, sous la protection de laquelle *les droits de la liberté de toutes les nations puissent être établis et assurés.*

Déclaration à Vitry du 25 mars 1814.

La déclaration du 25 mars 1814, datée de Vitry, disait que les souverains étaient éloignés de toute vue d'ambition et de conquête, animés du seul désir de voir l'Europe reconstruite sur une juste échelle de proportion entre les puissances... Qu'il était temps que les princes puissent, sans influence étrangère, veiller au bien-être de leurs peuples ; que les nations respectent leur indépendance réciproque ; que les institutions sociales soient à l'abri des bouleversements.

N° 5.

Traité de la Sainte-Alliance.

Au nom de la très-sainte et indivisible Trinité :

LL. MM. l'empereur d'Autriche, le roi de Prusse et l'empereur de Russie, par suite des grands événements qui ont signalé en Europe le cours des trois dernières années, et principalement des bienfaits qu'il a plu à la divine Providence de répandre sur les États dont les gouvernements ont placé leur confiance et leur espoir en elle seule, ayant acquis la conviction intime qu'il est nécessaire d'asseoir la marche à adopter par les puissances dans leurs rapports mutuels sur les vérités sublimes que nous enseigne l'éternelle religion du Dieu sauveur :

Déclarent solennellement que le présent acte n'a pour objet que de manifester à la face de l'univers leur détermination inébranlable, de ne prendre pour règle de leur conduite, soit dans l'administration de leurs États respectifs, soit dans leurs relations politiques avec tout autre gouvernement, que les préceptes de cette religion sainte, préceptes de justice, de charité et de paix qui, loin d'être uniquement applicables à la vie privée, doivent au contraire influer directement sur les résolutions des princes, et guider toutes leurs démarches, comme étant le seul moyen de consolider les institutions humaines et de remédier à leurs imperfections.

En conséquence, LL. MM. sont convenues des articles suivants :

Art. 1. Conformément aux paroles des saintes Écritures, qui ordonnent à tous les hommes de se regarder comme frères, les trois monarques contractants demeureront unis par les liens d'une fraternité véritable et indissoluble ; et, se considérant comme compatriotes, ils se prêteront, en toute occasion et en tout lieu, assistance, aide et secours : se regardant envers leurs sujets et armées comme pères de famille, ils les dirigeront dans le même esprit de fraternité dont ils sont animés pour protéger la religion, la paix et la just ice

2. En conséquence, le seul principe en vigueur, soit entre lesdits gouvernements, soit entre leurs sujets, sera celui de se rendre réciproquement service, de se témoigner par une bienveillance inaltérable l'affection mutuelle dont

ils doivent être animés, de ne se considérer tous que comme membres d'une même nation chrétienne, les trois princes alliés ne s'envisageant eux-mêmes que comme délégués par la Providence pour gouverner trois branches d'une même famille, savoir, l'Autriche, la Prusse et la Russie; confessant ainsi que la nation chrétienne, dont eux et leurs peuples font partie, n'a réellement d'autre souverain que celui à qui seul appartient en propriété la puissance, parce qu'en lui seul se trouvent tous les trésors de l'amour, de la science et de la sagesse infinies, c'est-à-dire Dieu, notre divin Sauveur Jésus-Christ, le verbe du Très-Haut, la parole de vie. LL. MM. recommandent, en conséquence, avec la plus tendre sollicitude à leurs peuples, comme unique moyen de jouir de cette paix qui naît de la bonne conscience, et qui seule est durable, de se fortifier chaque jour davantage dans les principes et l'exercice des devoirs que le divin Sauveur a enseignés aux hommes.

3. Toutes les puissances qui voudront solennellement avouer les principes sacrés qui ont dicté le présent acte, et reconnaîtront combien il est important au bonheur des nations, trop longtemps agitées, que ces vérités exercent désormais sur les destinées humaines toute l'influence qui leur appartient, seront reçues avec autant d'empressement que d'affection dans cette sainte alliance.

Fait triple, et signé à Paris, l'an de grâce 1815, le $\frac{14}{26}$ septembre.

Signé FRANÇOIS.

FRÉDÉRIC-GUILLAUME.

ALEXANDRE.

On ne connut ce traité que par la publication que lui donna l'empereur Alexandre le jour de Noël 1815 (6 janvier 1816), en le faisant imprimer avec cette formule : « *Conforme à l'original.* ALEXANDRE. »

N° 6.

En définitive, il n'y eut de véritablement arrêté, entre les souverains et les diplomates assemblés avec tant de fracas sur l'Adige, que le projet d'envoyer des dépêches aux représentants des alliés à Madrid ; ces dépêches devaient être mises sous les yeux du gouvernement espagnol. Dans le cas où elles seraient méprisées, les envoyés des puissances alliées auraient ordre de demander leurs passeports. C'est à cette démarche inoffensive, laquelle ne paraît mener à rien, que se réduisit cette fameuse *intervention du congrès de Vérone*, dont on a fait tant de bruit.

(Voyez, pour le texte de ces dépêches, le *Congrès de Vérone*, t. 1, p. 129 et suiv.)

FIN.